自然の日本一

山の日本一 …………… P.6	温泉の日本一 …………… P.28
島の日本一 …………… P.10	鍾乳洞の日本一 …………… P.32
湖の日本一 …………… P.12	いろいろな地形の日本一 …… P.34
池の日本一 …………… P.16	日本の端を探そう! …………… P.40
海の日本一 …………… P.18	植物の日本一 …………… P.42
川の日本一 …………… P.20	動物の日本一 …………… P.50
滝の日本一 …………… P.24	気象の日本一 …………… P.54
	日本一〇〇な都道府県 …… P.56

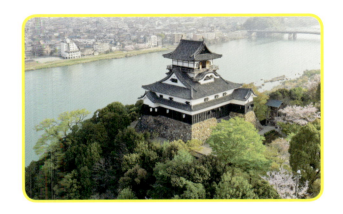

建物・施設の日本一

- 巨大建造物の日本一 …… P.58
- 城の日本一 …… P.64
- 神社の日本一 …… P.69
- 寺の日本一 …… P.72
- 遺跡の日本一 …… P.76
- 動物園・水族館の日本一 …… P.78
- 美術館・博物館の日本一 …… P.81
- テーマパークの日本一 …… P.86
- 観光スポットの日本一 …… P.90
- ホテル・旅館の日本一 …… P.94
- スポーツ施設の日本一 …… P.98
- 祭り・イベントの日本一 …… P.102
- まちなかの日本一 …… P.110

乗り物の日本一

- 鉄道の日本一 …… P.116
- 船の日本一 …… P.124
- 飛行機の日本一 …… P.128
- 日本の端にある空港 …… P.131
- バスの日本一 …… P.132
- トンネルの日本一 …… P.134
- 橋の日本一 …… P.136

この本に登場する単位の読み方

mm ▶ ミリメートル	cm ▶ センチメートル	m ▶ メートル
km ▶ キロメートル	km² ▶ 平方キロメートル	km³ ▶ 立方キロメートル
L ▶ リットル	℃ ▶ 度	m/s ▶ メートル毎秒
kW ▶ キロワット	kg ▶ キログラム	% ▶ パーセント

pH ▶ ペーハー（水素イオン指数のことで、7を中性とし、7より小さければ酸性、大きければアルカリ性となる）

産業の日本一

食べ物の日本一 …… P.140	静岡県／愛知県 …… P.162
ものづくりの日本一 …… P.144	三重県 …… P.163
都道府県別 産業の日本一	滋賀県／京都府 …… P.164
北海道 …… P.148	兵庫県 …… P.165
青森県 …… P.150	大阪府 …… P.166
岩手県／秋田県 …… P.151	奈良県／和歌山県 …… P.167
宮城県 …… P.152	鳥取県／島根県／
山形県／福島県 …… P.153	岡山県 …… P.168
茨城県 …… P.154	広島県／山口県 …… P.169
栃木県／群馬県 …… P.155	徳島県／愛媛県 …… P.170
埼玉県／東京都／	香川県／高知県 …… P.171
神奈川県 …… P.156	福岡県／佐賀県／
千葉県 …… P.157	大分県 …… P.172
新潟県／長野県 …… P.158	長崎県 …… P.173
山梨県 …… P.159	熊本県／宮崎県 …… P.174
富山県／石川県 …… P.160	鹿児島県 …… P.175
福井県／岐阜県 …… P.161	沖縄県 …… P.176

都道府県別の日本一まとめ …… P.177

自然(しぜん)の日本一(にほんいち)

山の日本一

THE NO.1 in JAPAN

日本には、地図に載っているだけで1万6000以上の山があり、日本の国土の大半をしめています。そんな山についての、さまざまな日本一を見てみましょう。

世界遺産

日本一標高が高い山
富士山

山梨県／静岡県

👑 標高 3776.24m

美しい形をした、日本でもっとも有名な山である富士山。昔から人々に愛され、文学作品や浮世絵などにも描かれました。その人気は今も変わらず、夏の2ヶ月間には20万人以上が富士登山をします。なお、標高が2番目に高いのは山梨県の北岳で3193m、3番目は奥穂高岳で3190mです。

日本一登山者数が多い山
高尾山(たかおさん)

東京都八王子市(とうきょうとはちおうじし)

👑 年間 約300万人

標高599mの高尾山は、東京の都心からも近く、気軽に登山が楽しめる山です。ケーブルカーやリフト、展望レストランなどもあり、年間300万人という登山者数は世界一とも言われています。

日本一標高が低い人工の山
日和山(ひよりやま)

宮城県仙台市(みやぎけんせんだいし)

👑 標高 約3m

仙台市にある日和山は、もともと海の様子(日和)を見るために作られた人工の山です。昔は標高が6mほどありましたが、2011年の津波で山がけずられ、今の高さになりました。

日本一標高が低い自然の山
弁天山
徳島県徳島市

👑 標高 約**6.1m**

自然の山で標高が日本一低いのが、徳島県の弁天山です。標高にちなみ、毎年6月1日に山開きが行われます。30秒ほどで登ることができ、登頂すると記念の登頂証明書をもらえます。

日本一長い山脈
奥羽山脈
青森県〜栃木県

👑 全長 約**500km**

東北地方の中央を南北に走る山脈で、この山脈の影響で、西側の秋田県や山形県では冬に大雪が降ります。標高の高い火山が多く、温泉や鉱山など多くの恵みがもたらされています。

日本一小さい山脈
櫛形山脈
山形県/新潟県

👑 全長 約**13km**

奥羽山脈と比べると、長さはわずか1/40程度の山脈です。平均標高は300mほどで、一番高い櫛形山でも568mです。ハイキングコースが整備され、豊かな自然を楽しめます。

9

島の日本一

THE NO.1 in JAPAN

島国の日本には、1万4000をこえる数の島があり、その多くは人が住んでいない「無人島」です。そんな島の中でも、日本一とよべるものを紹介します。

日本一新しい島
西之島
東京都

2013年

世界遺産

西之島は、東京の都心から1000km以上離れた小笠原諸島にあります。もともとあった島が2013年の噴火で飲み込まれ、10倍以上の大きな新しい島ができました。日本でもっとも新しい島です。

出典：海上保安庁ホームページ(https://www1.kaiho.mlit.go.jp/kaiikiDB/kaiyo18-2.htm)

日本一広い無人島
渡島大島
北海道松前町
👑 9.73k㎡

北海道の西約50kmにある無人島。20万人以上がくらす東京都台東区（10.11k㎡）と、面積はほぼ同じです。標高737mの山があり、天然記念物のオオミズナギドリの繁殖地としても有名です。

日本一島が多い都道府県
長崎県
長崎県
👑 1479島

島の数が日本でもっとも多い長崎県には、全国の約1割もの島があります。中でも、佐世保市を中心とした「九十九島」とよばれるエリアには200以上の島が集まり、美しい風景が広がっています。

湖の日本一

THE NO.1 in JAPAN

水がたまった場所で、一般的に池や沼よりも大きくて水深5m以上のものが湖とされています。湖のできた場所の地形などによって、さまざまな特徴があります。

日本一深い湖
田沢湖
秋田県仙北市

👑 水深 **423.4m**

田沢湖の深さは423.4mもあり、東京タワーや大阪のあべのハルカスがすっぽりと入ってしまうほどです。一周20kmの円形の湖は、青い湖面が美しく、近くに多くの温泉がある人気の観光地です。

日本一
面積が広い湖
琵琶湖
滋賀県

👑 **669.26㎢**

琵琶湖は滋賀県の面積の1/6をしめ、一周すると200km以上もあります。約400万年前にできた、日本一古い湖でもあります。また、約1450万人の生活を支える、大切な水資源です。なお、2番目に広い湖は茨城県の霞ヶ浦で、3番目は北海道のサロマ湖です。

日本一標高が高い湖
中禅寺湖

栃木県日光市

👑 標高 **1269m**

約2万年前に男体山が噴火し、溶岩によってせき止められてできた湖です。美しい自然があり夏も涼しいため、夏の暑さをしのぐ観光地として人気です。また有名な華厳の滝は、中禅寺湖の水が流れている滝です。

日本一透明な湖
摩周湖

北海道川上郡弟子屈町

👑 透明度（※） **41.6m**

北海道の東部にある摩周湖は、1931年の調査で「透明度41.6m」という世界記録を観測しました。湖に注ぎ込む川がなく、砂や泥などが流れ込まないため、水が透明に保たれています。

※ 透明度：水の透明さを表す指標の1つで、直径30cmの白い透明度板を水中にしずめ、肉眼で見えなくなるときの深さで表す。

日本一面積が広い汽水湖
サロマ湖

北海道北見市など

👑 **151.63㎢**

海に面していて海水と淡水が混ざり合った湖を、「汽水湖」とよびます。その中でもっとも面積が広いのがサロマ湖で、一周約90kmあり、日本にあるすべての湖の中で3番目の広さです。

日本一面積が広いカルデラ湖
屈斜路湖

北海道川上郡弟子屈町

👑 **79.54㎢**

火山の噴火によってできた凹地（へこんだ地形）である「カルデラ」に、水がたまることでできた湖です。近くには温泉が多くあり、ダイナミックな自然を感じることができます。

日本一面積が広い人造湖
朱鞠内湖

北海道雨竜郡幌加内町

👑 **23.73㎢**

雨竜ダム建設のため、1943年に人工的に作られた湖です。湖周辺は道立自然公園に指定され、夏には多くの人がキャンプに訪れ、冬にはワカサギ釣りを楽しむ人たちでにぎわいます。

池の日本一
THE NO.1 in JAPAN

基本的に、水がたまっている場所で湖ほど大きくないものを池とよびますが、中には湖のように大きな池も存在します。ここでは池と名のつくものから、日本一を紹介します。

日本一面積が広い池
湖山池
鳥取県鳥取市

👑 6.9㎢

鳥取市の西にある湖山池は、一周18kmもある大きな池です。「池」とつく名前ですが、富士山のふもとにある山中湖よりも広いです。自然豊かな池の周りには、庭園やキャンプ場があり、多くの人が訪れます。

日本一標高が高い池
御嶽山二ノ池

長野県木曽町

👑 標高 **2908m**

御嶽山には、山頂の近くに一ノ池から五ノ池まであり、水のある池としては二ノ池がもっとも高い場所にあります。
※2025年2月現在、噴火の危険性から手前の三ノ池までしか行けません。

日本一大きなため池
満濃池

香川県まんのう町

👑 貯水量 **15.4km³**

雨の少ない地域などで、水をためるために造られるのがため池です。香川県には1万4000個以上のため池があり、その中で一番大きいのが満濃池です。東京ドーム12杯分以上の水を、ためることができます。

日本一古いため池
狭山池

大阪府大阪狭山市

👑 約 **1400年前**

1400年以上前に造られた狭山池は、日本最古の歴史書である古事記や日本書紀にも登場します。現在でも農業用水や洪水調節などの役割を担うダムとして、人々のくらしを支えています。

17

海の日本一

THE NO.1 in JAPAN

周りを海にかこまれた島国の日本では、場所によってさまざまな特徴を持った海があります。ここでは、海に関する日本一を見ていきましょう。

日本一大きなうず潮
鳴門のうず潮
徳島県鳴門市

直径 約20m

海水がグルグルとうずを巻いて流れる現象が、うず潮です。鳴門海峡の特殊な地形などが原因で発生するうず潮は、春と秋の大潮時には直径20m以上にもなります。

日本一せまい海峡
土渕海峡
香川県土庄町

👑 幅 **9.93m**

陸と陸に挟まれ、せまくなった海を「海峡」とよびます。あまりにせまく川のような土渕海峡も、立派な海の一部。一番せまい場所で9.93mしかなく、ギネス世界記録に認定されています。

日本一水深が深い湾
駿河湾
静岡県

富士山の南側に広がる駿河湾には、水深2500mにもなる場所があります。富士山との高低差はなんと6000m以上！湾内には1000種類以上の魚類が生息し、めずらしい深海魚もたくさんいます。

👑 水深 約 **2500m**

川の日本一

雨の多い日本には流れる川も多く、国が決めたものだけで3万以上もあります。大きい川や小さい川、きれいな川の日本一を紹介します。

日本一長い川
信濃川／千曲川

新潟県／長野県

👑 全長 約367km

新潟県と長野県を流れる信濃川は、長野県内では「千曲川」とよばれています。川の水は東京から京都までと同じくらいの距離を、5日ほどかけて海へと流れていきます。

日本一流域面積が広い川
利根川
群馬県〜千葉県／茨城県

👑 1万6840km²

流域面積とは、「降った雨などの水が、その川に流れ込む土地の面積」のことを言います。利根川は北関東3県の8割近い地域に加え、埼玉県や千葉県、東京都などの水も集めて、太平洋に注ぎこんでいます。

日本一川幅が広い川
荒川
埼玉県

👑 幅 約2537m

通常時の川の様子。水が多い時の川幅が、いかに広いかがわかります。

日本でもっとも川幅（堤防から堤防までの距離）が広いのは、埼玉県の鴻巣市と吉見町の間を流れる荒川です。ふだんの川幅は数十mほどですが、増水時はここまで広くなります。

日本一短い川
ぶつぶつ川
和歌山県那智勝浦町

👑 全長 約13.5m

和歌山県にある「ぶつぶつ川」は、長さが13.5mしかない日本一短い川です。水が「ふつふつ」とわき出る様子が「ぶつぶつ」となまったことが、名前の由来と言われています。

日本一短くなった川
石狩川
北海道

👑 短縮距離 約76km

※編集部調べ

北海道を流れる石狩川は、かつては曲がりくねって洪水を繰り返す川でした。川を直線化する工事によって洪水の被害は減り、農地や市街地が整備されました。そして工事や自然現象の結果、川の長さが約76kmも短くなりました。

写真提供：国土交通省 北海道開発局札幌開発建設部

日本一支流が多い水系
淀川水系
大阪府など

👑 **965本**

海へ注ぐ本流に合流する川が支流です。淀川は、途中で合流する支流や琵琶湖へ注ぐ支流を合わせると965本あり、琵琶湖から近い順に瀬田川、宇治川、淀川と名前が変わります。

日本一 きれいな川はどこ？

全国の一級河川（とくに重要な水系として、国土交通大臣が指定した河川）については毎年、国土交通省が水質の調査をしています。令和5年の調査では全国で17の川が「水質が最も良好な河川」に選ばれました。

18年連続で「水質が最も良好な河川」に選ばれた、熊本県の川辺川。

後志利別川（北海道）	小鴨川（鳥取県）
札内川（北海道）	高津川（島根県）
荒川（福島県）	吉野川（徳島県）
安倍川（静岡県）	肱川（愛媛県）
宮川（三重県）	四万十川（高知県）
熊野川（和歌山県）	川辺川（熊本県）
北川（福井県）	五ヶ瀬川（宮崎県）
由良川（京都府）	小丸川（宮崎県）
天神川（鳥取県）	

令和5年「水質が最も良好な河川」（国土交通省調べ）

滝の日本一

THE NO.1 in JAPAN

落差5m以上の滝だけでも、全国には2500近くあると言われています。その中でも、幅や落差が日本一の滝はどこなのでしょうか。

日本一滝幅が広い滝
曽木の滝
鹿児島県伊佐市

👑 滝幅 約210m

「東洋のナイアガラ」ともよばれる、幅210m、高さ12mの滝です。この迫力のある滝を見に、年間で約30万人が訪れます。明治時代には、滝の水を使った水力発電所も造られました。

日本一落差が大きい滝
称名滝
富山県立山町

落差 約350m

東京タワーよりも高い落差350mを流れ落ちる、国の名勝や天然記念物、日本の滝百選にも選ばれている滝です。雪が溶ける春から夏には、流れ落ちる水量が増えて迫力満点です。

日本一落差が大きい一段の滝
那智の滝
和歌山県那智勝浦町

落差 約133m

世界遺産

世界遺産の熊野那智大社の奥にある滝です。切り立った崖の上から、133mの高さを一気に流れ落ちます。毎秒1トンもの水が流れているとも言われ、「日本三名瀑」の1つに数えられます。

日本一滝の数が多い都道府県
山形県
山形県
👑 230本

山地と盆地が入り組む山形県には、落差5m以上の滝が、全国の滝の約1割にあたる230本もあります。落差60m以上の「玉簾の滝」や、岩に空いた穴の中を流れる「くぐり滝」などが有名です。

※写真は東根市の関山大滝

日本三名瀑って？

日本にある滝の中でも、歴史があり美しいとされる3本の滝が「日本三名瀑」です。ただし、とくに選んでいる人や団体があるわけではありません。那智の滝の他には、一般的に、栃木県にある華厳の滝と茨城県にある袋田の滝が挙げられます。

日本三名瀑に数えられることの多い、茨城県 袋田の滝（左）と栃木県 華厳の滝（右）。

温泉の日本一

THE NO.1 in JAPAN

世界の活火山の約7％がある日本は、世界一の温泉大国です。ここでは日本全国に3000か所近くある温泉地の中から、さまざまな日本一を紹介します。

日本一自然湧出量が多い温泉
草津温泉
群馬県草津町

👑 毎分 約3万2300L

ポンプなどを使わず自然にわき出す温泉の量が日本一多いのが、草津温泉です。毎分3万リットル以上がわき出ています。温泉街の中心にある湯畑は湯気が立ち込め、草津温泉のシンボルになっています。

日本一源泉が多い温泉
別府温泉
大分県別府市

👑 **2217か所**

別府温泉には、温泉がわき出る源泉が2,000か所以上もあります。ポンプなどを使った温泉の総湧出量も毎分8万リットル以上と、日本一です。温泉の街らしく、街のあちこちから湯気が上がっています。

日本一源泉の温度が高い温泉
小浜温泉
長崎県雲仙市

👑 **105℃**

35年ほど前に噴火した、雲仙岳のふもとにある温泉です。橘湾の地下にあるマグマ溜まりに近いため熱量がとても多く、わき出す源泉の温度は105℃にもなります。1300年以上前からある、歴史ある温泉です。

日本一標高が高い場所にある温泉
みくりが池温泉

富山県立山町

👑 標高 2410m

標高3,000m級の山々が連なる、立山黒部アルペンルートの中心にある温泉です。近くにある地獄谷という場所からわき出す温泉を引いています。昭和30年代に開業し、多くの観光客や登山客をいやしています。

日本一 標高が高い場所にある露天風呂
本沢温泉

長野県南牧村

 標高 2150m

長野県と山梨県の境にそびえる八ヶ岳の、東側にある温泉。雲を見下ろす露天風呂は、「雲上の湯」とよばれています。140年以上の歴史ある温泉で、紅葉の時期には多くの人が訪れます。

日本一酸性度が強い温泉
玉川温泉
秋田県仙北市

pH 1.2

玉川温泉は梅干しやレモン汁よりも酸性が強く、長く入っていると肌がピリピリすることもあります。長い期間泊まって疲れをいやす、昔ながらの「湯治」を体験できる温泉です。

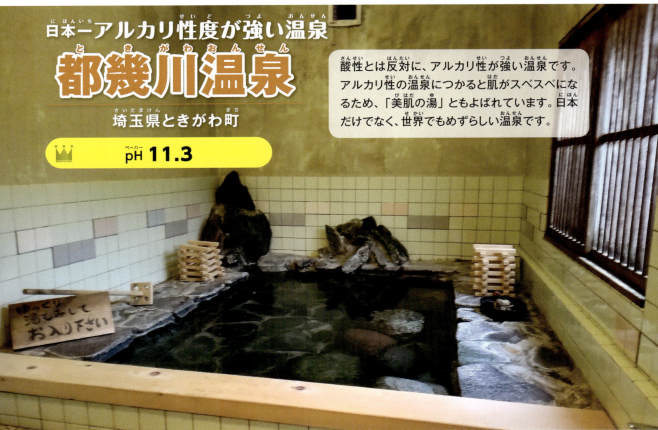

日本一アルカリ性度が強い温泉
都幾川温泉
埼玉県ときがわ町

pH 11.3

酸性とは反対に、アルカリ性が強い温泉です。アルカリ性の温泉につかると肌がスベスベになるため、「美肌の湯」ともよばれています。日本だけでなく、世界でもめずらしい温泉です。

鍾乳洞の日本一

長い年月をかけて石灰岩が溶けてできた洞窟が、鍾乳洞です。その中は日光が届かないため気温が一定に保たれ、時間が止まっているような神秘的な世界が広がっています。

日本一長い鍾乳洞
安家洞
岩手県岩泉町

👑 全長 約23.7km

自然の迷路が地底に広がる、日本一長い鍾乳洞。入口から約500mは観光洞エリアとして整備され、さまざまな形の鍾乳石が見られます。さらに奥には専門ガイドが案内する、日本一長い探検洞エリアもあります（※要予約）。

日本一標高の高い鍾乳洞
飛騨大鍾乳洞
岐阜県高山市

👑 標高 約900m

2億5千万年前は海だった飛騨地方が地殻変動によって陸になり、石灰岩が溶けてできたのが飛騨大鍾乳洞です。観光できる鍾乳洞の中でもっとも高い場所にあり、自然の神秘を感じることができます。

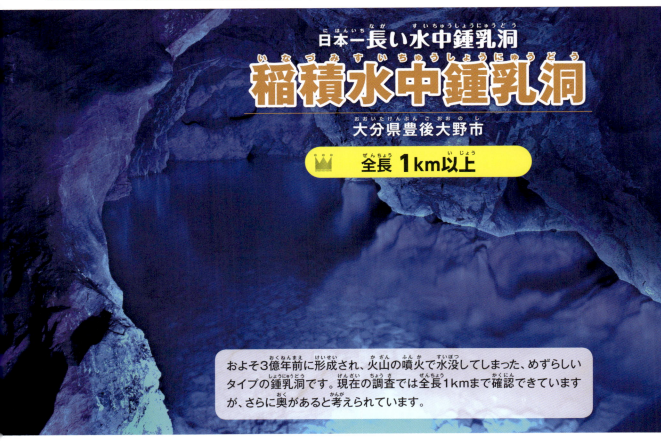

日本一長い水中鍾乳洞
稲積水中鍾乳洞
大分県豊後大野市

👑 全長 1km以上

およそ3億年前に形成され、火山の噴火で水没してしまった、めずらしいタイプの鍾乳洞です。現在の調査では全長1kmまで確認できていますが、さらに奥があると考えられています。

いろいろな地形の日本一

THE NO.1 in JAPAN

山が多く平らな土地が少ない日本列島ですが、多様な地形があり、素晴らしい風景を作り出しています。ここでは、さまざまな地形の日本一を紹介します。

日本一広い平野
関東平野
東京都など
約1万7000km²

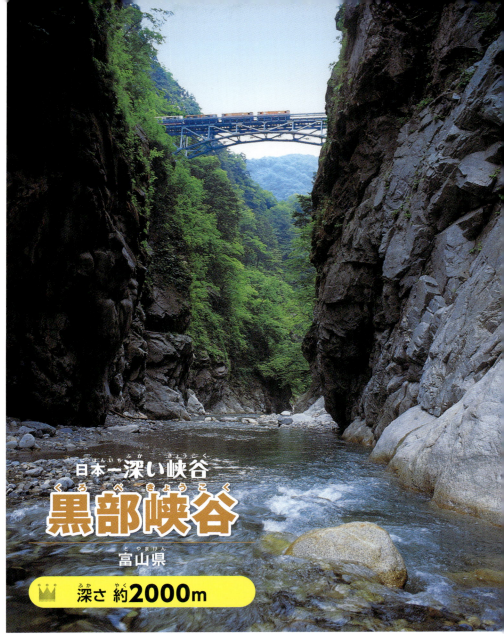

日本一深い峡谷
黒部峡谷
富山県

深さ 約2000m

川によって深く削られた谷の地形を、峡谷とよびます。黒部峡谷は3000m級の北アルプスの間に刻まれた深い峡谷で、トロッコ列車が走っており、上流には有名な「黒部ダム」があります。

東京都を中心とした関東平野は、日本の面積の4.5%ほどの広さで、2番目に広い石狩平野の4倍以上あります。約1万8800km²の四国よりもひとまわり小さいエリアに、約4000万人が暮らしています。

出典:港区オープンデータカタログサイト
(https://www.city.minato.tokyo.jp/kouhou/shasinkan.html)

日本一広いカルスト台地
秋吉台
山口県
👑 約 130㎢

石灰石でできた地面が、雨水などで削られてできた地形を「カルスト」地形とよびます。日本のカルスト地形の中でもっとも広いのが秋吉台で、白い岩が並ぶ大地や、地下にのびる鍾乳洞などが見られます。

日本一長い半島
佐田岬半島
愛媛県
👑 全長 約 40km

四国の西側から、シュッと横に伸びているのが佐田岬半島です。その全長は40kmもありますが、幅は広いところで6.4km、狭いところでは800mしかなく、細長い形の半島です。

日本一広い湿原
釧路湿原
北海道

220.70 km²

北海道東部の釧路湿原には手つかずの自然が残り、数多くの生き物が生息しています。その面積は山手線一周（63km²）の3倍以上で、国際的に重要な湿原として、日本で初めてラムサール条約に登録されました。

日本一広い干潟
有明海
佐賀県/長崎県など

207.12 km²

海の潮が引いた時だけ、砂浜として現れる場所を干潟と言います。九州北部にある有明海は潮の満ち引きが大きく、海全体の1割以上が干潟です。全国にある干潟の総面積の4割以上を、有明海がしめています。

日本一広い盆地
横手盆地
秋田県

👑 約60km ×約15km

横手盆地は、横手市や大仙市にまたがる大きな盆地（山にかこまれた平地）で、南北約60km、東西の最大幅は約15kmもの広さがあります。冬には多くの雪が降り、かまくら祭りも行われます。

日本一長いさし
野付半島
北海道

👑 全長 約26km

海水の流れによって運ばれた砂が積み重なって、長い陸地になった場所をさし（砂嘴）とよびます。オホーツク海に突き出すような野付半島の全長は約26km。東京駅から横浜駅までと同じくらいの距離です。

日本一大きな天然橋
帝釈峡雄橋(たいしゃくきょうおんばし)
広島県庄原市

👑 全長 約90m

中国山地の中央に位置する峡谷である帝釈峡にかかる雄橋は、天然の岩が削られてできた橋です。全長90m、川底からの高さは40mもあり、昔は人が通る橋として使われていたそうです。

日本一古い地層
カンブリア紀地層
茨城県日立市・常陸太田市

👑 約 5.3億年前

茨城県の日立市から常陸太田市にかけての山地では、恐竜が誕生するよりも古い、約5.3億年前(カンブリア紀)の地層が発見されました。日立市の小木津山自然公園で、この地層を見ることができます。

日本の端を探そう！

東西に長く海にかこまれている日本。そんな日本の"端"は、どこにあるのでしょうか。東西南北それぞれの端や、さまざまな施設の端がどこなのか、地図で見てみましょう。

日本一南にあるスキー場
五ヶ瀬ハイランドスキー場 P.101
👑 北緯32度34分

日本一南にある屋外アイススケート場
えびの高原屋外アイススケート場 P.101
👑 北緯31度56分

日本の西の端
与那国島
👑 東経122度56分

雪が降った日本一南の場所
久米島
👑 北緯26度20分

人が住む日本の南の端
波照間島
👑 北緯24度2分

日本一北にある海水浴場
坂の下海水浴場 p.101
👑 北緯 45度22分

一般の人が行ける、日本の北の端
宗谷岬
👑 北緯 45度31分

人が住む、日本の東の端
納沙布岬
👑 東経 145度49分

日本一海から遠い場所
長野県 佐久市の山中
👑 海まで 115km

日本の南の端
沖ノ鳥島（無人島）
👑 北緯 20度25分

出典:関東地方整備局ホームページ
(https://www.pa.ktr.mlit.go.jp/ritou/okilandscape/map.html)

日本の東の端
南鳥島
👑 東経 153度59分

出典:関東地方整備局ホームページ
(https://www.pa.ktr.mlit.go.jp/ritou/gaiyou/gaiyou.html)

植物の日本一

THE NO.1 in JAPAN

木や花などの植物も、全国に"日本一"と言われるものがあります。信じられないような大きさ、圧倒されるような広さなど、雄大な自然の力を感じることができます。

日本一
大きい木（クスノキ）
蒲生の大クス

鹿児島県姶良市

👑 幹周り **24.22m**

日本でもっとも大きな木は、鹿児島県の蒲生八幡神社にあるクスノキです。幹周りは24m以上、根の周りは33m以上もあります。高さは約30m、樹齢1600年と言われ、実際に見てみるとその大きさに驚くことでしょう。

日本一古い桜
山高神代桜

山梨県北杜市

樹齢 約2000年

山梨県の実相寺というお寺にある桜が、日本でもっとも古い桜だと言われています。高さは10.3m、根元・幹周りは11.8mで、大正時代に国の天然記念物第1号に指定された貴重な桜です。

写真提供：北杜市

日本三大桜って？

山梨県の山高神代桜、福島県の三春滝桜、岐阜県の根尾谷淡墨桜の3か所を「日本三大桜」と言います。どの桜も樹齢1000年以上、高さ10mをこえる巨大な桜で、国の天然記念物に指定されています。毎年春には、これらの桜を見に多くの人が訪れます。

三春滝桜／福島県

根尾谷淡墨桜／岐阜県

日本一広いブナ林
白神山地
青森県/秋田県

約 1300k㎡

世界遺産

青森県と秋田県の間に広がる白神山地は、人の手がほとんど加えられていない世界最大級のブナ林です。その面積は約1300k㎡と、東京23区の2倍以上。美しく豊かな森は、世界自然遺産にも登録されています。

日本一長い並木道
日光杉並木
栃木県日光市

全長 約37km

世界遺産

約400年前、日光東照宮へ向かう3つの街道に20万本以上の杉を植えたのが、日光杉並木の始まりです。合計37kmの街道沿いには現在でも、約1万2000本の立派な杉並木が残されています。

日本一長い藤棚
みやまの里藤棚ロード

和歌山県日高川町

👑 全長 約**1646m**

和歌山県日高川町の「リフレッシュエリアみやまの里森林公園」には、日本一長い藤棚があります。その長さは陸上競技場のトラック4周分で、薄紫色や白、ピンクの花がどこまでも続いています。

日本一長い桜並木
見沼田んぼの桜回廊

埼玉県さいたま市

👑 総延長 約**20km**

昭和60（1985）年ごろから、行政と地元の人々が桜の木を植えはじめてできた桜並木です。約30年をかけて平成29（2017）年には、桜の下を散策できる日本一の桜並木になりました。

日本一大きなあじさい園
下田公園

静岡県下田市

約 300万輪

伊豆半島の下田公園は、あじさいのパラダイスのような場所です。園内には100種類以上のあじさいが植えられており、開花時期には約300万輪のあじさいで埋めつくされ、その光景は圧巻です。

日本一広いポピー畑
ポピー・ハッピースクエア

埼玉県鴻巣市

約 12.5万㎡

もともとはゴミの不法投棄を防ぐために植えられたポピー畑です。東京ドーム約2.5個分の広さで、2008年には日本一広いポピー畑に認定されました。見頃の5月には真っ赤なじゅうたんのように、一面に花を咲かせます。

日本一広いひまわり畑
北竜町ひまわりの里

北海道北竜町

👑 約 23.1万㎡

北海道中部の北竜町には、東京ドーム約5個分もの広さを誇るひまわり畑があります。毎年7月中旬から8月中旬には、およそ200万本のひまわりで埋めつくされ、たくさんの観光客でにぎわいます。

日本一広いバラ園
ぎふワールド・ローズガーデン

岐阜県可児市

👑 約 80.7万㎡

「ぎふワールド・ローズガーデン」のバラ園には世界各国のバラが栽培されており、その数は約6000品種・2万株！ 東京ドーム17個以上の広さは、世界でも最大規模です。

日本一大きい杉
将軍杉

新潟県阿賀町

👑 幹周り **19.31**m

新潟県の平等寺には、根元の近くから6本に枝分かれしている、「将軍杉」という杉の巨木があります。日本一太い杉であり、高さ約40m、樹齢は1400年以上と言われており、国の天然記念物に指定されています。

日本一大きいカツラ
権現山の大カツラ

山形県最上町

👑 幹周り **約20**m

山形県の権現山にある、幹周りは20m、高さは40m近くもある日本一大きなカツラの木です。天高く枝がのびる姿は、まるで竜のようだと言われます（2025年1月現在、崖崩れのため近くには行けません）。

日本一大きいイチョウ
北金ヶ沢の大イチョウ

青森県深浦町

👑 幹周り 約22m

青森県深浦町にある、日本一大きなイチョウの木です。樹齢1000年以上で、高さは約31mもあります。11月頃になると、黄色く色づく木が夜にライトアップされ、「ビッグイエロー」とよばれます。

日本一大きいケヤキ
東根の大ケヤキ

山形県東根市

👑 幹周り 約16m

山形県、東根小学校の校庭にそびえる大ケヤキは、幹周り約16m、高さ約28mの、日本一大きなケヤキの木です。樹齢1500年以上と言われていますがまだまだ元気で、今も子どもたちを見守っています。

動物の日本一

THE NO.1 in JAPAN

都会でくらしているとなかなか見る機会がないかもしれませんが、日本にも多くの野生動物がいます。ここでは日本で見られる、動物についての日本一を紹介します。

日本一飛来するツルが多い場所
出水平野

鹿児島県出水市

1万羽以上

毎年冬になると、冬を越すためにシベリアから多くのツルが日本にやってきます。出水平野では、ナベヅルやマナヅルなど、多くの種類のツルを見ることができます。一斉に飛び立つ様子は大迫力!

日本一飛来する ハクチョウ類が多い場所
佐潟（さかた）

新潟県新潟市

👑 **1万羽以上**

新潟県には大きな湖がいくつもあり、毎年冬に日本に来るハクチョウのうち約3割が、新潟県にやってきます。中でもこの佐潟はとくに多く、多い年には1万羽以上のハクチョウが見られます。

日本一北の、野生のサル が生息する場所
下北半島（しもきたはんとう）

青森県

👑 **北緯41度19分**

もっとも北にあるニホンザルの生息地は、青森県の下北半島です。ニホンザルは、サルの仲間の中でも世界でもっとも北に生息している種類で、国の天然記念物に指定されています。

日本一上陸する ウミガメが多い場所
永田浜（ながたはま）

鹿児島県屋久島町

 約5000回

ウミガメは毎年5～7月に、卵を産むために海岸へやってきます。屋久島北部にある永田浜には、全国の3～4割のウミガメが上陸すると言われ、年間で1万回近く上陸した記録もあります。

日本一大きい鳥
オオワシ
北海道

👑 全長1m以上

毎年冬になると北海道にやってくるオオワシは、大きなものは全長1m、翼を広げると2m40cmにもなります。黒っぽい体に黄色の大きなクチバシ、脚と羽根にある白い羽毛が特徴です。

日本一大きい魚
ジンベエザメ
日本近海

👑 全長12m以上

日本近海の魚類でもっとも大きいのは、ジンベエザメです。大きなものだと12mをこえるものもいますが、小さなプランクトンを食べ、おとなしい性格です。沖縄県の美ら海水族館などで見ることができます。

日本一大きい陸上野生動物
ヒグマ

北海道

👑 体長 2m 以上

日本には2種類のクマが生息しており、そのうち北海道のヒグマが、陸上動物では日本一大きな野生動物です。中には体長2m、体重400kgをこえるものもおり、動物園やクマ牧場で見ることができます。

日本一 小さい鳥は?

日本一小さい魚や哺乳類はなかなか見ることができませんが、日本一小さい鳥は山や森の中で見ることができます。それはキクイタダキとよばれる鳥で、全長10cm、重さは5gほどで、頭頂部の羽毛に黄色い部分があります。

黄色い頭が目印のキクイタダキ。

気象の日本一

雨や雪、気温や風の強さにも、さまざまな記録があります。観測を始めてから約150年の記録の中には、現在では考えられないような際立った数値も見られます。

日本一高い最高気温（タイ記録）
静岡県 浜松市
41.1℃
(2020年8月17日)

日本一の積雪の深さ
滋賀県 伊吹山
11m82cm
(1927年2月14日)

1時間の降水量日本一（タイ記録）
長崎県 長浦岳
153mm
(1982年7月23日)

日本一強い最大瞬間風速（富士山を除く）
沖縄県 宮古島
85.3m/s
(1966年9月5日)

日本一強い最大風速（富士山を除く）
高知県 室戸岬
69.8m/s
(1965年9月10日)

日本一高い最低気温
新潟県 糸魚川市
👑 31.4℃
(2023年8月10日)

北海道 旭川市
日本一低い最低気温
👑 -41.0℃
(1902年1月25日)

日本一低い最高気温
（富士山を除く）
👑 -22.5℃
(1909年1月12日)

日本一高い最高気温
（タイ記録）
埼玉県 熊谷市
👑 41.1℃
(2018年7月23日)

1時間の降水量日本一
（タイ記録）
千葉県 香取市
👑 153mm
(1999年10月27日)

1日の降水量日本一
神奈川県 箱根町
👑 922.5mm
(2019年10月12日)

静岡・山梨県 富士山
日本一低い最高気温
👑 -32.0℃
(1936年1月31日)

日本一強い最大風速
👑 72.5m/s
(1942年4月5日)

日本一強い最大瞬間風速
👑 91.0m/s
(1966年9月25日)

日本一〇〇な都道府県

暑い県、雨が多い県など、気候に関する日本一を紹介します。
(おもに都道府県庁所在地の、1991〜2020年の平均値を参照。埼玉県は熊谷市、東京都は千代田区、滋賀県は彦根市のデータを使用)

- 日本一平均気温が低い県　北海道　9.2℃
- 日本一雪の降る日が多い県　北海道　年間134.5日
- 日本一太陽の出ている時間が短い県　秋田県　年間1527.4時間
- 日本一雷の鳴る日が多い県　石川県　年間45.1日
- 日本一雪が深く積もる県　青森県　101cm　※冬の時期を通して、雪がもっとも深く積もった状態の数値
- 日本一雨の量が少ない県　長野県　年間965.1mm
- 日本一霧の出る日が多い県　茨城県　年間30.8日
- 日本一平均気温が高い県　沖縄県　23.3℃
- 日本一雨の量が多い県　高知県　年間2666.4mm
- 日本一太陽の出ている時間が長い県　山梨県　年間2225.8時間

建物・施設の日本一

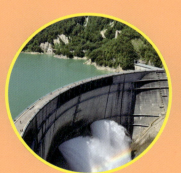

巨大建造物の日本一

日本一高いタワー
東京スカイツリー®

東京都墨田区

♛ 高さ **634m**

©TOKYO-SKYTREETOWN

\ THE NO.1 in JAPAN /

日本には、「どうやって造ったの？」と思うほど巨大なビルや塔が数多くあります。そのような、日本一大きな建物や施設を紹介します。

東京を代表する観光スポットである、日本一高い電波塔です。高さ634mは昔の国名「武蔵」を連想させ、日本人になじみのある響きです。タワーの高さは世界一。日本で2番目に高い東京タワー（333m）と比べても倍近い高さで、地上450mの天望回廊から見る東京の街は圧巻です。

日本一堤高の高いダム
黒部ダム

富山県立山町

 高さ **186m**

人が立ち入ることが難しい秘境・黒部渓谷の奥に造られた巨大なダムです。水をせき止める堤の高さは186mもあり、日本一です。毎秒10トンもの水が流れ出す観光放水は大迫力です。

日本一高いビル
麻布台ヒルズ
森JPタワー

東京都港区

👑 高さ 約**330m**

都心に緑豊かな空間を創るため、地面は緑でおおい、住む、働く、遊ぶ、買うなど、くらしに必要な機能を空に高く積み上げたビル。約2万人が働き、3000人以上がくらすビルは日本一の高さです。

日本一大きい地下放水路
首都圏外郭放水路

埼玉県春日部市

👑 全長 **6.3km**

大雨などで増えた川の水を、地下に造ったトンネルを通して江戸川に流すことで、洪水が起きるのをふせぐための施設です。水の勢いを弱める調圧水そうの面積はサッカーグラウンドよりも広く、「地下神殿」ともよばれています。

日本一出力の大きい風力発電所
ウィンドファームつがる

青森県つがる市

最大出力 12万1600kW

合計38基の巨大な風車で、一般家庭9万世帯相当分の電気を発電しています。風車の羽根の直径は100mをこえる大きさで、2025年春以降には北海道の風力発電所が記録を更新する見込みです。

日本一発電容量の大きい太陽光発電所
パシフィコ・エナジー作東メガソーラー発電所

岡山県美作市

発電容量 25万7700kW

東京ドーム約50個分の広さに、約75万枚もの太陽光パネルが設置された、日本最大の太陽光発電所です。環境のために森林の一部は残しながら、一般家庭約7万世帯(※)の電気を発電しています。

※一般家庭の年間電気使用量を平均4175kWhとして計算

城(しろ)の日本一(にほんいち)
THE NO.1 in JAPAN

世界(せかい)遺産(いさん)

日本一(にほんいちたか)高い現存(げんそん)天守(てんしゅ)の城(しろ)
姫路城(ひめじじょう)

兵庫県姫路市(ひょうごけんひめじし)

高(たか)さ **31.5m**

多くの人が「お城」と聞いてイメージする建物は、天守または天守閣とよびます。江戸時代以前に建てられ現在も残っている「現存天守」を中心に、日本一の城を紹介します。

姫路城は室町時代の1346年に建てられたと伝わるお城で、江戸時代に改築・増築された建物の多くが今でも残っています。天守の高さは31.5mと、10階建てのマンションと同じくらい。白く美しい姿から「白さぎ城」ともよばれており、国宝や世界遺産にも指定されています。

写真提供:姫路市

日本一古い現存天守の城
犬山城
愛知県犬山市

👑 1537年

織田信長の叔父にあたる信康が、480年以上前に建てた城です。戦において重要な場所にあるため、天下人となった秀吉や家康なども関わった歴史ある城であり、国宝に指定されています。

日本一新しい現存天守の城
松山城
愛媛県松山市

👑 1854年

関ヶ原の戦いで活躍した加藤嘉明によって江戸時代に建てられた城で、天守は落雷によって一度焼けてしまいました。およそ35年かけて再建し落成した天守が、今でも残っています。

日本一高い石垣の城
丸亀城
香川県丸亀市

👑 高さ 60m以上

丸亀城は自然の山を利用し、石垣を何段にも組み上げることで築かれました。天守までは高さ60m以上もあり、20階建てのビルとほぼ同じです。さまざまな種類の石垣が見られる城として有名です。

日本一大きい星形の城
五稜郭
北海道函館市

👑 面積 約18万㎡

ヨーロッパの城を参考にして、江戸時代の末期に造られた星形の城です。城と堀を合わせた面積は東京ドーム4個分以上もあり、近くにある五稜郭タワーから城の全体を見ることができます。

©Hakodate International Tourism and Convention Association.

日本一高い復元天守の城
大阪城

大阪府大阪市

👑 高さ **54.8m**

もともとは豊臣秀吉によって築かれた城で、江戸時代と昭和6（1931）年に再建されています。江戸時代に合わせて54.8mの高さで再建されましたが、最近では、本来は58m近くあったと考えられています。

大阪城の日本一

大阪城には城の高さだけでなく、他にも日本一があります。石壁の中でもっとも大きな「たこ石」とよばれる巨石は、高さ5.5m、横幅11.7m、重さ100トンをこえるおどろきの大きさ！また、本丸東側の石垣は高さ約32mもあります。

重さ約108トンのたこ石。

高さ32mにもなる高石垣。

神社の日本一

THE NO.1 in JAPAN

神様をまつる神社は全国にあり、その数はコンビニよりも多い8万社以上！古い神社や大きい神社など、神社に関する日本一を紹介します。

日本一古い神社
大神神社
奈良県桜井市

👑 **1300年以上前**

古事記や日本書紀にも登場する歴史ある神社で、日本でもっとも古い神社と言われています。古い時代には社殿はなく、神様がまつられている三輪山に直接いのりをささげていました。

日本一面積の広い神社
伊勢神宮
三重県伊勢市

👑 約55km²

伊勢神宮では20年ごとに社殿を建て替えており、必要な木材の一部は神宮御敷地の「神宮宮域林」から切り出しています。神宮宮域林の面積は約55km²で、90万人以上がくらす東京都世田谷区とほぼ同じです。

写真提供：神宮司庁

日本一古い神社の建物
宇治上神社
京都府宇治市

👑 12世紀前期

世界遺産

10円玉に描かれている平等院から、宇治川をはさんだ対岸にある神社です。平安時代後期に建てられた本殿は、現存するもっとも古い神社の建物で、国宝に指定されています。

日本一数の多い神社
八幡宮／八幡神社／八幡社 など

全国

👑 約4万社

稲荷神社や天満宮のように、同じ神様をまつる神社は全国に数多くあります。その中でも、八幡神をまつる「八幡宮」や「八幡神社」は全国に4万社以上もあります。総本山は大分県の宇佐神宮です。

日本一大きい鳥居
熊野本宮大社
大斎原 大鳥居

和歌山県熊野市

👑 高さ 約34m

熊野本宮大社から徒歩10分ほどの場所にそびえる大鳥居の高さは、10階建てのビルに近い約34m。鳥居の先にある森は「大斎原」とよばれ、明治時代まではここが熊野本宮大社でした。

寺の日本一

THE NO.1 in JAPAN

仏教が日本に伝わったのは1400年以上前です。お寺は仏教の施設であり、神社よりは少ないですが、全国に7万以上もあります。

日本一古い寺
飛鳥寺
奈良県明日香村

👑 1400年以上前

飛鳥時代に建てられた、日本で最初の本格的な寺院です。現在の建物は江戸時代のものですが、飛鳥時代の建物を支えた石が残っています。なお、本尊の飛鳥大仏は日本で一番古い仏像です。

日本一長い本堂
三十三間堂（蓮華王院）

👑 **120m**

京都府京都市

平安時代末期に建てられた寺院で、本堂内陣の柱間が33あることから、このようなよび名がつきました。南北の長さが約120mもあり、中には1000体もの千手観音像。まるで仏像の森に迷い込んだかのようです。

写真提供：妙法院

日本一大きいかやぶき屋根の寺
正法寺 法堂

👑 **横29.6m×奥行21m**

岩手県奥州市

正法寺は室町時代のはじめに、東北地方で最初に開かれた曹洞宗のお寺です。修行や法要で使われる法堂の屋根は一面かやぶきで、その面積はバレーボールコートよりも広く日本一の大きさです。

日本一大きい大仏
牛久大仏

茨城県牛久市

👑 高さ **120m**

平成4(1992)年に完成した、高さ120mの大仏です。青銅製の仏像としてギネス世界記録にも認定されています。地上85mの展望台に上れば、天候によっては東京スカイツリーや富士山も見えます。

日本一大きい石の大仏
日本寺の大仏

千葉県鋸南町

👑 高さ **31.5m**

日本寺は、山頂部がノコギリのようにギザギザな鋸山の、南側斜面を境内とするお寺です。高さ30mをこえる石の大仏が鎮座し、山頂には「百尺観音」という岩をけずって作られた観音像もあります。

日本一の石段
釈迦院御坂遊歩道

熊本県美里町

👑 **3333段**

釈迦院は、標高957mの大行寺山にあるお寺です。表参道である御坂の石段の数は、なんと3333段。登るだけで約2時間かかります。石段の途中には休憩所もあり、多くの人が挑戦します。

遺跡の日本一

\ THE NO.1 in JAPAN /

何千年も前に生きていた人たちが残した道具や生活のあとを保存し、現代の私たちに昔のくらしを教えてくれる場所が遺跡です。遺跡には、どのような日本一があるでしょうか。

日本一大きい前方後円墳
仁徳天皇陵古墳（大山古墳）

大阪府堺市

墳丘長 486m

世界遺産

1500年以上前に作られた古墳で、完成までに20年以上かかったと考えられています。墳丘長は486mで、世界最大の墳墓です。エジプトのピラミッドよりも大きく、堀のまわりは一周2.8kmもあります。

日本一大きい縄文時代の遺跡
三内丸山遺跡

青森県青森市

👑 面積 約42万m²

縄文時代の人々がくらしていた4000〜6000年前の遺跡です。土器や石器、お墓や建物のあとなどが発見されました。長さ30mをこえる、大きな建物もあったと考えられています。

世界遺産

日本一大きい弥生時代の遺跡
吉野ヶ里遺跡

佐賀県吉野ヶ里町

👑 面積 約117万m²

弥生時代の遺跡で、全体の面積は東京ドーム約25個分にもなります。多くの土器や石器の他、木製の器や稲作の農具、銅の器や刀、ガラス製の装飾品などが見つかっています。

日本一大きい環状列石(ストーンサークル)
万座環状列石(大湯環状列石)

秋田県鹿角市

👑 直径 52m

たくさんの石を円形に並べた遺跡で、多くのお墓が集まっていたと考えられます。この遺跡には2つの環状列石があり、大きい方の万座環状列石は、直径が最大52mもあります。

世界遺産

77

動物園・水族館の日本一

THE NO.1 in JAPAN

日本には多くの動物園や水族館があり、それぞれ飼育している生き物の種類や広さ、訪れるお客さんの数に違いがあります。どこが日本一なのか、見ていきましょう。

日本一来館者数が多い水族館
沖縄美ら海水族館

沖縄県本部町

年間 約296万人

※令和5年度

写真提供:(公財)東京動物園協会

日本一来園者数が多い動物園
恩賜上野動物園

東京都台東区

👑 年間 約330万人

※令和5年度

ジャイアントパンダで有名な恩賜上野動物園には、年間で300万人以上が訪れます。パンダの他にも、ゾウやゴリラ、ホッキョクグマなど人気の動物がいっぱい。明治15（1882）年にできた、日本初の動物園です。

沖縄を代表する観光スポットで、多様な魚や美しいサンゴを鑑賞でき、年間で300万人近い人が訪れます。巨大なジンベエザメやナンヨウマンタが泳ぐ幅35m、深さ10mの大水槽は世界最大級の大きさです。

写真提供:国営沖縄記念公園(海洋博公園):沖縄美ら海水族館

79

日本一飼育種類数が多い動物園
東山動植物園

愛知県名古屋市

👑 約450種

コアラやキリンなどの動物や世界各地の鳥など、動物の飼育種類数が日本一の動物園です。日本最大級のアジアゾウ舎や、人と鳥を隔てる柵のないバードホールなど、見どころ満載です。

写真提供：鳥羽水族館

日本一飼育種類数が多い水族館
鳥羽水族館

三重県鳥羽市

👑 約1200種

約1200種もの生きものが飼育されている水族館です。アシカやオットセイをはじめ、日本の水族館ではここでしか見られないジュゴン、他にもダイオウグソクムシなど、多くの生きものに出会えます。

日本一延床面積の広い水族館
名古屋港水族館

愛知県名古屋市

👑 延床面積 4万1529㎡

サッカーコート約6面分の広さがある水族館で、イルカやシャチのパフォーマンス、ペンギンなどが見られます。水槽の水は合計で2万4600トンにもなり、こちらも日本一です。

©PORT OF NAGOYA PUBLIC AQUARIUM

THE NO.1 in JAPAN

美術館・博物館の日本一

全国にはさまざまな美術館や博物館があり、あわせて1万以上もあると言われます。ここでは一度は行ってみたい、日本一の美術館や博物館を紹介します。

日本一来館者数が多い美術館
国立新美術館

東京都港区

年間 約228万人
※令和5年度

©国立新美術館

日本にある国立美術館で5番目の、2007年にオープンしました。ユニークな形の建物には12の展示室があり、屋外の展示スペースとあわせると、面積の合計は1万4000㎡もの広さになります。

日本一来館者数が多い博物館
国立科学博物館 上野本館

年間 約246万人
※令和5年度

東京都台東区

2万5千点以上の標本を展示する、日本最大級の総合科学博物館です。フタバスズキリュウなど日本の標本を見学できる「日本館」と、恐竜から宇宙開発まで宇宙・地球規模の展示を見学できる「地球館」があります。

日本一常設展示スペースが広い美術館
大塚国際美術館

延床面積 約2万9400㎡

徳島県鳴門市

世界中の有名な絵画を陶器の板に再現した作品が、約1000点展示されている美術館です。展示スペースは3万㎡近くあり、プロ野球のグラウンド2面分もの広さで、すべて見るには約4kmも歩くことになります。

82

日本一長い歴史を持つ博物館
東京国立博物館

東京都台東区

👑 明治5(1872)年 開館

日本でもっとも長い歴史を持つ博物館で、国宝や重要文化財などの貴重な美術品や資料が約3000点展示されています（開館時間：9:30〜17:00※金・土は〜20:00／休館日：月曜／総合文化展（平常展）観覧料：一般1,000円、高校生以下無料）。

日本一大きい恐竜博物館
福井県立恐竜博物館

福井県勝山市

👑 延床面積 約2万3600㎡

恐竜化石の産地として知られる勝山市にある、恐竜を中心とした博物館です。50体の恐竜の全身骨格をはじめとした化石の数々やジオラマを展示しており、その広さはプロ野球のグラウンド約2面分にもなります。

日本一大きいプラネタリウム
名古屋市科学館
愛知県名古屋市

👑 ドーム内径 **35m**

名古屋市科学館にあるドーム内径35mの巨大なプラネタリウムは、世界最大級の大きさです。光学式とデジタル式の2種類のプラネタリウム機器を使い、本物のような美しい星空を映し出します。

日本一大きい、一般の人も覗くことができる望遠鏡
なゆた望遠鏡
兵庫県立大学
西はりま天文台

兵庫県佐用町

👑 口径 **2m**

一般の人でも覗くことができる、日本でもっとも大きい望遠鏡です。人間の瞳にあたる反射鏡の直径は2m、面積は人間の瞳の8万倍で、それだけ遠くの星まで見ることができます。

84

日本一大きい砂時計
砂暦
仁摩サンドミュージアム

島根県大田市

👑 **全長 5.2m**

砂浜を歩くと音が鳴る「鳴り砂」で有名な琴ヶ浜の保全と環境保護を願って作られた、全長5.2mもある世界最大の砂時計です。約1トンの砂を1年かけて落とすため、「砂暦」の名前がついています。

日本一大きい水車
大水車
埼玉県立川の博物館

埼玉県寄居町

👑 **直径 24.2m**

「川の博物館」のシンボルである、日本一の大水車。直径は24.2mもあり、高さはビル8階分にもなります。その他、水について学べるウォーターアスレチック施設や屋内展示室などがあります。

85

テーマパークの日本一

THE NO.1 in JAPAN

みんなが大好きな遊園地などのテーマパーク。1日では遊びきれないほどの大きなものや、アトラクションの日本一を紹介します。

日本一 ひとつの施設でのアトラクション数が多い遊園地
グリーンランド

熊本県荒尾市

👑 **72種類**

50年以上の歴史がある遊園地で、敷地面積は約55万㎡と西日本で最大級の広さ。高さ100m以上の大観覧車の他、ジェットコースターだけで9機種もあり、1日では遊びきれないほどです。

日本一距離が長いジェットコースター

スチールドラゴン2000
ナガシマスパーランド

三重県桑名市

👑 **全長 2479m**

ギネス世界記録に認定された、世界一の全長をほこるジェットコースターです。最高時速は153kmと日本一速く、一番高い場所は97mと日本一の高さで、3つの日本一がそろったジェットコースターです。

87

日本一大きい観覧車
OSAKA WHEEL

大阪府吹田市

👑 高さ123m

「OSAKA WHEEL」は高さ123mもある日本一の大観覧車。ゴンドラの床は開放感あふれるシースルー仕様で、大阪の町並みやきらめく夜景をながめながら、1周18分の空中散歩が楽しめます。

現役の中で日本一古いコースター
ローラーコースター
浅草花やしき

東京都台東区

👑 昭和28(1953)年

70年以上も活躍している、現役の中で日本一古いコースターです。最高時速は42kmで、ゆっくり走る車と同じくらいですが、遊園地の建物ギリギリを通って走るので、かなりのスリルが味わえます。

日本一面積の広いプール
ジャンボ海水プール
ナガシマスパーランド

三重県桑名市

👑 面積 約7万5000㎡

大小さまざまなプールがあり、合わせると東京ドーム1.5個分もの広さになる、国内最大のプール施設です。全長300mの流水プールやスリル満点の超激流プールの他、スライダーも11種類あります。

日本一面積の広い露天風呂
江戸情話 与市
スパリゾートハワイアンズ

福島県いわき市

👑 面積 約1000㎡

フラガールでも有名な福島県の「スパリゾートハワイアンズ」にある、江戸時代の銭湯をイメージした露天風呂です。男女合わせて25mプール3個分以上あり、世界でも最大級の広さです。

観光スポットの日本一

THE NO.1 in JAPAN

テーマパーク以外にも、日本にはさまざまな観光スポットがあります。一度は見に行きたい、おどろきの観光スポットを紹介します。

日本一大きい砂絵
銭形砂絵

香川県観音寺市

👑 東西122m、南北90m

有明浜の白砂に描かれた、江戸時代のお金「寛永通宝」の大きな絵です。お殿様を歓迎するために作られたと言われています。展望台から見るだけでなく、近くで見るとその大きさが感じられます。

写真提供：観音寺市観光協会

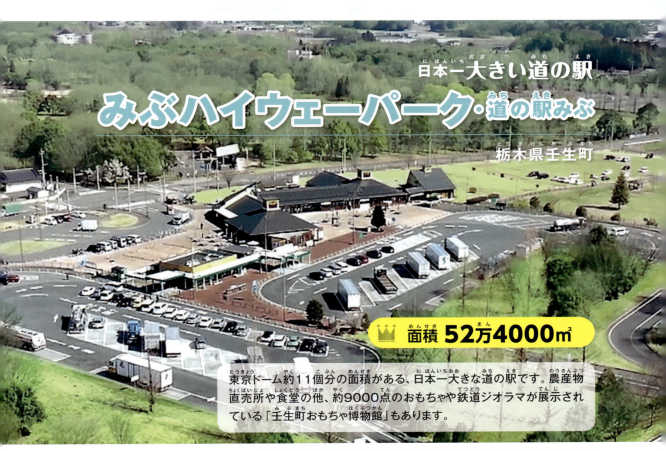

日本一大きい道の駅
みぶハイウェーパーク・道の駅みぶ

栃木県壬生町

👑 面積 **52万4000㎡**

東京ドーム約11個分の面積がある、日本一大きな道の駅です。農産物直売所や食堂の他、約9000点のおもちゃや鉄道ジオラマが展示されている「壬生町おもちゃ博物館」もあります。

日本一屋台の数が多い町
福岡博多屋台

福岡県福岡市

👑 **約100軒**

福岡・博多の天神エリアと中洲エリアでは、毎晩ラーメンやおでんなど、さまざまな屋台が店を並べます。合わせるとおよそ100軒の屋台がひとつの地域に集まっており、福岡観光の定番スポットにもなっています。

日本一長いすべり台
わくわくスライダー
奥日立きららの里

茨城県日立市

👑 全長 **1188m**

キャンプ場やアスレチックなど、自然とふれあえる施設が集まった「奥日立きららの里」にある、日本一長いすべり台です。全長は1km以上もあり、すべるスピードは最高時速30kmにもなりスリル満点です。

牛の一枚皮を使った、日本一大きい和太鼓
世界一の大太鼓
大太鼓の館

秋田県北秋田市

👑 直径 **3.71m**

秋田県の「大太鼓の館」には、牛の一枚皮を使った直径3.71mの"世界一の大太鼓"があり、ギネス世界記録に認定されています。また、世界中から集めた約140個の太鼓の展示や、太鼓を叩けるコーナーもあります。

日本一大きい筆
世界一の大筆

広島県熊野町

👑 長さ3.7m、重さ400kg

書道や絵画、化粧などに使う筆の産地として有名な熊野町の、「筆の里工房」に展示されている「世界一の大筆」は、大人が見上げるほどの大きさです。穂先は馬200頭分の、しっぽの毛を使って作られています。

日本一大きい金塊
土肥金山の金塊

静岡県伊豆市

👑 250kg

江戸時代から昭和まで、約40トンの金を産出した土肥金山の資料館「黄金館」には、重さ250kgの巨大金塊が展示されています。令和6年時点で、30億円以上の価値があります。

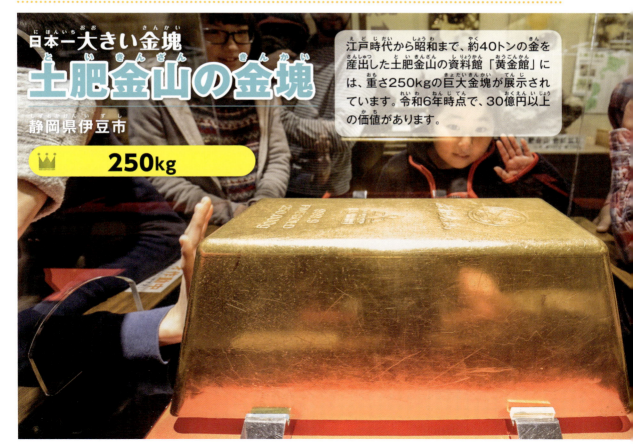

THE NO.1 in JAPAN

ホテル・旅館の日本一

日本には、5万軒以上のホテルや旅館があります。ここでは一度は泊まってみたい、日本一のホテルや旅館を集めました。

日本一古い旅館
慶雲館
山梨県早川町

👑 慶雲2(705)年

1300年以上前から続く世界一歴史のある宿泊施設として、ギネスブックに認定されている旅館です。武田信玄や徳川家康といった戦国時代の武将も、ここの温泉に入ったと言われています。

日本一古いリゾートホテル
日光金谷ホテル

栃木県日光市

👑 明治6(1873)年

明治時代のはじめに建てられた、日本でもっとも古いリゾートホテルです。過去にはヘレン・ケラーやアインシュタインといった偉人も宿泊しました。伝統料理や百年ライスカレーが人気です。

現存する中で日本一古い木造建築の旅館
積善館

群馬県中之条町

👑 元禄4(1691)年

映画「千と千尋の神隠し」の湯屋のモデルのひとつにもなったと言われている旅館です。300年以上前に建てられた本館は、セルフサービスで宿泊をする、昔ながらの「湯治」を行う客室として現在も使われています。

日本一ひとつの建物で客室数が多いホテル
アパホテル&リゾート
〈横浜ベイタワー〉

神奈川県横浜市

 2311室

横浜のみなとみらい地区にある35階建てのホテルで、超高層タワーに2311室の客室があります。高層階からは横浜ベイブリッジやみなとみらいの夜景も見え、ホテルには大浴場やレストラン、プールやフィットネスルームもあります。

日本一標高の高いホテル
ホテル千畳敷

長野県駒ヶ根市

標高 2612m

富士山の五合目（2400m）よりも高い、日本一標高の高い場所にあるホテルです。車では行けないので、路線バスとロープウェイを乗り継いで行きます。青空や星空が近く、中央アルプスの自然が感じられます。

日本一客室数の多いホテル
品川プリンスホテル

東京都港区

3554室

※2025年1月時点

品川駅の目の前にあるホテルで、1700室以上のメインタワーを含めた4つのタワーを合計した客室数は3500室以上で、日本一です。ホテルには水族館や映画館、プールやボウリング場も備わっています。

スポーツ施設の日本一

日本全国では一年を通して、多くのスポーツイベントが開催されており、そのための施設も数多くあります。ここでは、スポーツ施設の日本一を紹介します。

日本一収容人数の多い競技場
日産スタジアム

神奈川県横浜市

👑 約7万2000人

日本一古いプロ野球の球場
阪神甲子園球場

兵庫県西宮市

👑 **大正13(1924)年**

プロ野球の阪神タイガースや全国高校野球選手権大会の試合で使われる、日本初の本格的な野球場です。工事をくり返しながら100年以上も使われています。壁をおおうツタは、球場のシンボルです。

7万人以上の人が観戦できる、日本一収容人数の多い競技場です。サッカーやラグビーのワールドカップ、オリンピックでは決勝戦の会場にもなりました。コンサート会場としても使われます。

写真提供:公益財団法人横浜市スポーツ協会

日本一大きい木造ドーム
大館樹海ドーム
（ニプロハチ公ドーム）

秋田県大館市

👑 約2万2000㎡

約2万5000本の秋田杉を使って建てられた、ドームの長さが最長178mもある日本最大級の木造建築物です。野球の試合だけでなく、1万5000人が入るコンサート会場としても使われます。

日本一標高の高いスキー場
千畳敷スキー場

長野県駒ヶ根市

👑 標高 2612m

毎年4月中旬から5月下旬にかけて営業しているスキー場です。富士山の五合目（2400m）よりも高い場所にあり、日本でもっとも標高の高い場所にあるスキー場です。

日本一北にある海水浴場
坂の下海水浴場

北海道稚内市

👑 **北緯45度22分**

坂の下海水浴場は、北海道最北の市である稚内市にあります。利用できるのは毎年7月下旬から8月中旬の約1ヶ月間だけで、利用期間中は更衣室やトイレ、シャワーなどが設置されます。

日本一南にあるスキー場
五ヶ瀬ハイランドスキー場

宮崎県五ヶ瀬町

👑 **北緯32度34分**

1年を通して温かくあまり雪の降らない、宮崎県にあるスキー場です。標高1400m以上の高山地帯で、1m以上雪が積もることもあり、スキーやスノーボードを楽しむことができます。

日本一南にある屋外アイススケート場
えびの高原屋外アイススケート場

宮崎県えびの市

👑 **北緯31度56分**

五ヶ瀬ハイランドスキー場よりも100km以上、南にある屋外アイススケート場です。スケートシューズやソリなどをレンタルで利用でき、12月上旬から2月中旬まで営業しています。

祭り・イベントの日本一

THE NO.1 in JAPAN

1年を通して、日本全国では多くのお祭りやイベントが開催されています。中にはとても大きなものや数の多いものもあり、見る人をおどろかせます。

日本一大きい花火
片貝まつり 四尺玉

新潟県小千谷市

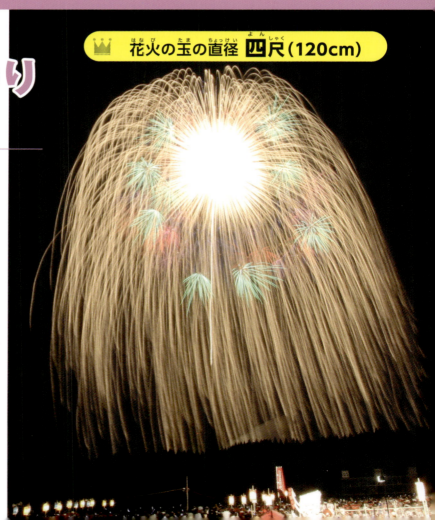

花火の玉の直径 四尺（120cm）

毎年9月に開催される「片貝まつり」では、2日間で約1万5000発もの花火が打ち上げられます。そのラストに登場するのは、世界一大きい直径四尺（120cm）玉の花火。直径約800mの花火が夜空を彩ります。

お詫びと訂正

この度は『日本全国なんでもナンバーワン図鑑』をご購入いただき、誠にありがとうございます。

本誌103ページ、上段の"加須市民平和祭 ジャンボこいのぼり"の解説文が抜けておりました。そして下段の"日本一の芋煮会フェスティバル 大なべ「三代目鍋太郎」"のところに、本来であれば上段に掲載されるべき解説文が誤って掲載されております。

正しい解説文は、以下のとおりです。

●加須市民平和祭 ジャンボこいのぼり

「加須市民平和祭」のメイン行事であるジャンボこいのぼり遊泳は平成元年に始まり、毎年5月にクレーン車を使い利根川の河川敷を泳いでいます。現在のものは4代目で、全長約100m、重さは330kgもあります。

●日本一の芋煮会フェスティバル 大なべ「三代目鍋太郎」

山形県では、河原で芋煮会をするのが秋の定番。馬見ヶ崎川河川敷で開催される「日本一の芋煮会」では、クレーンやショベルカーを使い、直径6.5mの大なべに約3万食分の芋煮を作ります。

本訂正紙の裏面に、解説文が正しく掲載された誌面を掲載しておりますので、あわせてご確認くださいませ。

ここに謹んでお詫び申し上げますとともに、訂正させていただきます。

日本一大きいこいのぼり
加須市民平和祭
ジャンボこいのぼり

埼玉県加須市

👑 全長 約100m

「加須市民平和祭」のメイン行事であるジャンボこいのぼり遊泳は平成元年に始まり、毎年5月にクレーン車を使い利根川の河川敷を泳いでいます。現在のものは4代目で、全長約100m、重さは330kgもあります。

日本一大きいなべ
日本一の芋煮会フェスティバル
大なべ「三代目鍋太郎」

山形県山形市

👑 直径 6.5m

山形県では、河原で芋煮をするのが秋の定番。馬見ヶ崎川河川敷で開催される「日本一の芋煮会」では、クレーンやショベルカーを使い、直径6.5mの大なべに約3万食分の芋煮を作ります。

日本一大きいこいのぼり
加須市民平和祭
ジャンボこいのぼり
埼玉県加須市

👑 全長 約 **100m**

日本一大きいなべ
日本一の芋煮会フェスティバル
大なべ「三代目鍋太郎」
山形県山形市

👑 直径 **6.5m**

「加須市民平和祭」のメイン行事であるジャンボこいのぼり遊泳は平成元年に始まり、毎年5月にクレーン車を使い利根川の河川敷を泳いでいます。現在のものは4代目で、全長約100m、重さは330kgもあります。

日本一大きいひき山
青柏祭の曳山行事（でか山）

石川県七尾市

👑 高さ **12m**

能登半島にある七尾市で毎年5月に開催される青柏祭では、高さ12m、重さ20トン、車輪の直径が2mの、日本一大きな曳山（山車）が主役です。3基の曳山がせいぞろいした時は、圧巻の迫力です。

日本一観客数の多い雪まつり
さっぽろ雪まつり

北海道札幌市

👑 約**239万人**

※令和6年度

地元の中・高校生が、大通公園に6つの雪像を設置したことがきっかけで始まった、日本一の雪まつりです。約200基もの雪像が作られ、雪まつり全体では、10トントラック約3000台分もの雪が使われます。

©HTB

104

日本一高いねぶた
五所川原立佞武多
青森県五所川原市

👑 高さ **23m**

青森県の夏の風物詩「ねぶた」。その中でも五所川原市の「立佞武多」は、大きいものだと約23mもあり、7階建てのビルとほぼ同じ高さです。祭りでは大小合わせて十数台のねぶたが出陣します。

日本一つなの長いつな引き
川内大綱引
鹿児島県薩摩川内市

👑 長さ 約365m

長さ約365m、重さ約7トンの綱を約3000人もの男たちが引き合う、400年以上の歴史を持つ伝統の綱引き行事です。当日は地元の中学生や高校生など約1500人の手によって、巨大な綱が練り上げられます。

日本一
つなの重いつな引き
那覇大綱挽
沖縄県那覇市

👑 重さ 40トン

沖縄の中心街で毎年10月に行われる、約30万人が訪れる大イベントです。約1万5000人で引き合う綱は200m、重さはなんと40トン！「世界一のわら綱」としてギネス世界記録に認定されています。

日本一人形の数が多い 石段のひな飾り
かつうらビッグひな祭り
遠見岬神社のひな飾り

千葉県勝浦市

👑 約1800体

全国から集められたひな人形が、勝浦市内の神社やお寺、交差点の近くなど、町中に飾られるイベントです。中でも遠見岬神社では、石段60段に約1800体のひな人形が飾られ、その光景は壮観です。

日本一高いひな人形で飾る ピラミッドひな壇
鴻巣びっくりひな祭り

埼玉県鴻巣市

👑 約7m（31段）

ひな人形の産地として有名な鴻巣市のイベントで、市内の複数箇所に多くのひな人形が展示されます。中でも注目は高さ約7mのピラミッドひな壇で、31段に1500体以上のひな人形が並びます。

107

日本一大きいとうろうタワー
江迎千とうろうまつり
とうろうタワー

長崎県佐世保市

👑 高さ 約25m

約500年の歴史を持つ佐世保市の伝統行事で、毎年8月に開催されます。一番の見どころは、約3500個の灯籠で飾られる高さ約25mのタワー。そのほか、約1万個の灯籠がともされ、幻想的な光の世界が広がります。

日本一大きい田んぼアート
世界最大の田んぼアート

埼玉県行田市

👑 面積 約2万8000㎡

種類の違う稲を使い分け、田んぼに巨大なアート作品を描く「田んぼアート」。約1000人が協力して作る行田市の田んぼアートは、「世界最大の田んぼアート」としてギネス世界記録に認定されています。

日本一大きいわらじ
福島わらじまつり

福島県福島市

👑 全長 約12m

健康な足腰を願うため、信夫山にある羽黒神社に大きなわらじを奉納したのが、福島わらじまつりの始まりだと言われています。毎年8月に全長約12mの大わらじを作り、大勢でかつぎ町を練り歩きます。

日本一大きい屋外芝居
山あげ祭

栃木県那須烏山市

👑 全長 約100m

460年以上の伝統ある祭りで、奥行き約100mの道路上に舞台を作り、豪華な歌舞伎舞踊が演じられます。舞台の背景として和紙に描いた山を多くの人たちで持ち上げることから、「山あげ」とよばれています。

まちなかの日本一

THE NO.1 in JAPAN

日々の生活で利用する施設の中には、とても大きいものや長いもの、おどろくような場所に設置されているものなど、さまざまな日本一があります。

日本一大きいショッピングモール
イオンレイクタウン
約34万m²

埼玉県越谷市

越谷市にある、日本一大きなショッピングモールです。3つのエリアに700以上の店舗があり、その広さは東京ドーム約7個分。端から端までは約1kmもあります。年間で、5000万人以上が訪れます。

日本一長い商店街
天神橋筋商店街

大阪府大阪市

👑 全長 約**2.6km**

大阪の「天神祭」で有名な大阪天満宮に近い商店街で、明治時代から発展してきました。全長約2.6kmにおよそ800軒のお店が並び、端から端まで歩くのに40分以上もかかります。

日本一長いベンチ
世界一長いベンチ

石川県志賀町

👑 全長 **460.9m**

能登半島の増穂浦海岸にある木製のベンチで、その長さはなんと約460m！1989年に「世界一長いベンチ」としてギネス世界記録に認定されました。現在は世界一ではありませんが、日本一長いベンチです。

日本一標高の高い市区町村の役所
長野県川上村役場

長野県川上村

👑 **標高 1185m**

長野県でもっとも東にある川上村は、人口4000人弱の小さな村です。村の一番低い場所でも標高は1100m以上あり、村役場は日本でもっとも標高の高い場所にある役所です。

日本一ベッドの数が多い病院
藤田医科大学病院

愛知県豊明市

👑 **1376床**

1300人以上の入院患者を受け入れることができる、入院病床数が日本でもっとも多い病院です。内科や小児科などの科は26もあり、3000人以上の職員がはたらいています。

日本一標高の高い郵便局
富士山頂郵便局

静岡県富士宮市

👑 **標高 約3715m**

富士山の登山シーズンにだけ営業している郵便局です。郵便業務の他、オリジナル商品や登山証明書などの販売も行っています。ここから投函された郵便物には、印面に「富士山頂」の消印が押されます。

日本一古い現役の郵便局
下関南部町郵便局

👑 **明治33(1900)年**

山口県下関市

明治時代に建てられたレンガ造りの建物が、120年以上経った現在でも郵便局として使われています。下関市内でもっとも古い洋風建築物で、日本でもっとも古い現役の郵便局舎です。

日本一大きい丸ポスト
日本一丸ポスト

東京都小平市

👑 高さ 約**2.8m**

昔ながらの丸ポストが多くある小平市に2009年に設置された、日本一大きな丸ポストです。高さ約2.8m、重さは1150kgもあり、高さ2.1mと1.4mの2か所に郵便物を入れる投函口があります。

日本一標高の低いポスト
すさみ海中郵便ポスト

👑 水深 約**10m**

和歌山県すさみ町

2002年に「世界一深いところにあるポスト」としてギネス世界記録に認定されたポストで、その場所はなんと海の中！ダイビングを楽しむ人たちによって、約20年間で4万通以上の手紙が投函されました。

乗(の)り物(もの)の日本一(にほんいち)

鉄道の日本一

THE NO.1 in JAPAN

通学や通勤、また旅行や買い物へ行く時など、多くの人にとって鉄道は生活に欠かせない交通手段です。そんな鉄道に関する日本一を見ていきましょう。

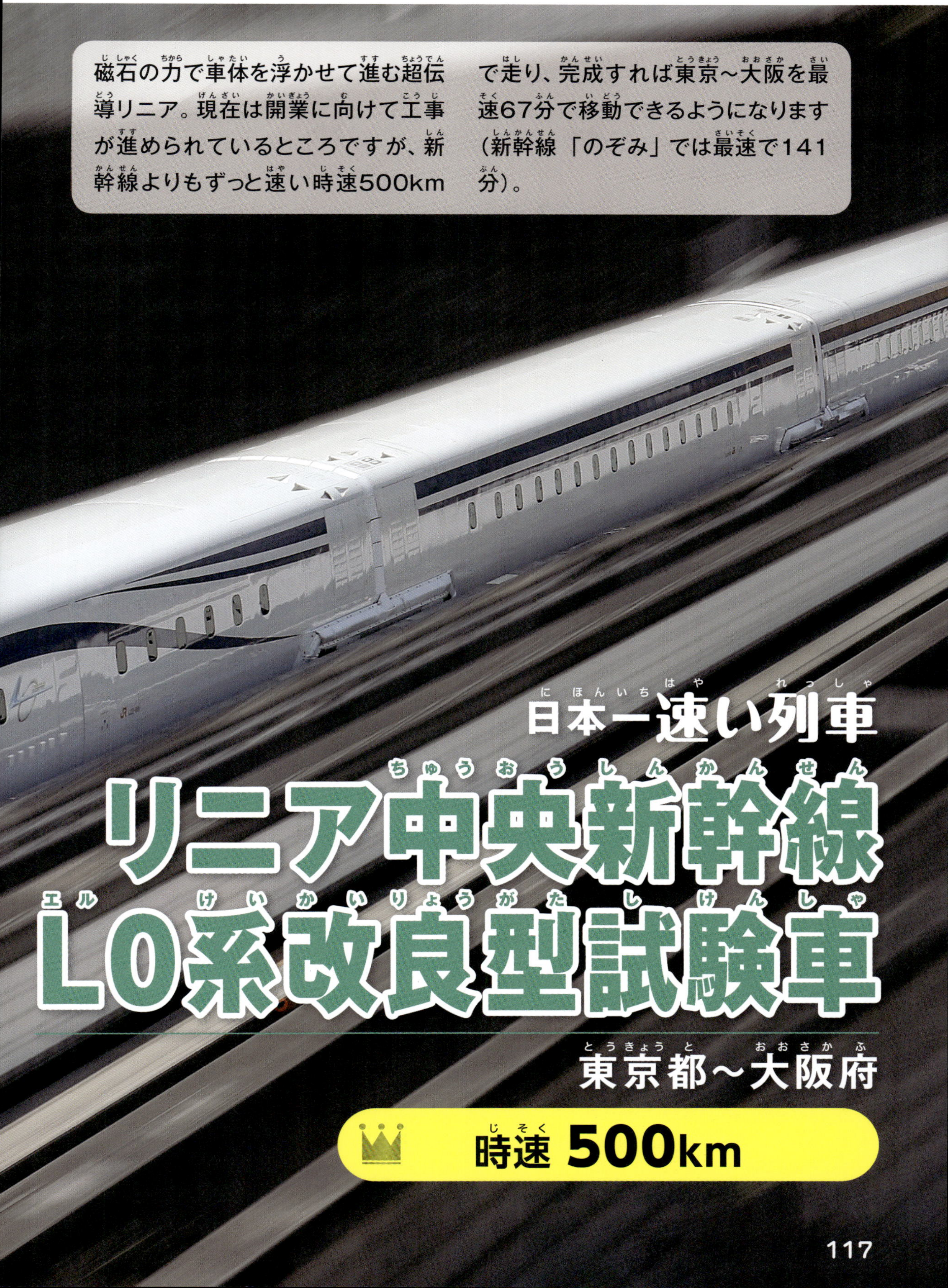

磁石の力で車体を浮かせて進む超伝導リニア。現在は開業に向けて工事が進められているところですが、新幹線よりもずっと速い時速500kmで走り、完成すれば東京〜大阪を最速67分で移動できるようになります（新幹線「のぞみ」では最速で141分）。

日本一速い列車
リニア中央新幹線 L0系改良型試験車

東京都〜大阪府

👑 **時速 500km**

日本一長い距離を走る新幹線列車
のぞみ号（東京〜博多）

東京都〜福岡県

 1174.9km

新幹線で一番長い距離を走るのは、東京と博多をむすぶ「のぞみ号」で、1時間に2〜3本ずつ運行されています。約1200kmという普通列車では丸1日乗り継いでも到着できない距離を、5時間程度でむすんでいます。

日本一速い新幹線列車
東北・秋田新幹線 E5・E6系

東京都～青森県、秋田県

👑 時速 **320km**

現在運行されている列車でもっとも速いのが、東北新幹線のE5系「はやぶさ」と、秋田新幹線のE6系「こまち」です。最高時速320kmで、東京～新青森を約3時間でむすんでいます。なお、2番目に速いのは山陽新幹線のN700系やN700S系で時速300kmです。

日本一速い在来線特急列車
京成スカイライナー

東京都〜千葉県

👑 時速 **160**km

新幹線以外でもっとも速い列車が、都心と成田空港をむすぶ京成電鉄の特急列車「京成スカイライナー」です。日暮里駅から第2ビル駅までを、わずか36分で運行しています。

日本一長い距離を走る在来線列車
サンライズ出雲

東京都〜島根県

👑 **953.6**km

新幹線以外でもっとも長い距離を走るのは、寝台特急列車「サンライズ出雲」です。22時頃に東京を出発し翌朝10時頃、出雲市に到着します。2025年1月現在、日本で定期運行している唯一の寝台列車です。

日本一急な場所を走る列車
大井川鐵道 井川線

静岡県

👑 約90パーミル

パーミルは勾配（傾斜）を表す単位で、90パーミルは"1000m進む間に90m登る"という急な坂です。普通の列車では登ることができないため、日本で唯一の、車輪についた歯車をレールに噛み合わせて走る「アプト式列車」が運行しています。

日本一古い現役の車両
阪堺電気軌道 モ161形

大阪府

👑 1928年（昭和3年）

大阪の天王寺や恵美須町と堺をつなぐ路面電車の阪堺電気軌道では、日本でもっとも古い現役車両である「モ161形」に乗ることができます。1928年に製造され90年以上、街中を走り続けています。

日本一利用者数の多い駅
新宿駅

東京都新宿区・渋谷区

👑 1日 約270万人

※2022年度

新宿駅にはJR東日本、京王電鉄、小田急電鉄、都営地下鉄、東京メトロの5つの鉄道会社が乗り入れています。1日に約270万人もの人が駅を利用し、ギネス世界記録にも認定されています。

日本一地表から深い場所にある駅
土合駅

群馬県みなかみ町

👑 標高差 約70m

谷川岳への登山客が多く利用する土合駅の下り線ホームはトンネルの先にあり、駅舎とホームの標高差が70m以上あります。ホームへの階段は462段もあり、ホームから出口まで行くのに10分近くかかります。

日本一高い場所にある駅
野辺山駅

長野県南牧村

👑 標高 **1345.67m**

ロープウェイなど特殊なものをのぞき、日本でもっとも高い場所にある駅です。滋賀県にある伊吹山（1377m）とほぼ同じ標高で、駅がある南牧村には天文台があり、星空観測でも人気です。

日本一短い＆長い駅名は？

日本でもっとも短い駅名は、三重県津市にある「津」駅です。反対に日本でもっとも長い駅名は、富山県富山市にある「トヨタモビリティ富山 Gスクエア五福前（五福末広町）」という路面電車の停留場で、表記されている文字数は25文字、読み仮名の数は32文字もあります。

津駅はJR東海、近鉄、伊勢鉄道の3つあります。

富山市内を走る路面電車の駅です。

123

船の日本一

THE NO.1 in JAPAN

広々とした海を優雅に進む船は、多くの人や物を運ぶのに欠かせない交通手段です。ここでは、あまりの大きさに驚かされる船や、港についての日本一を紹介します。

日本一大きい客船 飛鳥Ⅱ

総トン数 約5万トン

乗客定員872名、全長約240mの日本一大きなクルーズ客船です。豪華ホテルのような船で、横浜や神戸発の国内クルーズや海外クルーズを楽しめます。2025年夏には、新たに「飛鳥Ⅲ」が就航する予定です。

日本一大きいコンテナ船
ONE INNOVATION（ワンイノベーション）

👑 コンテナ 約2万4千個分

20フィートコンテナを2万4000個も運ぶことができる、日本で製造された最大級のコンテナ船です。全長は約400mあり、「ONE INFINITY」などの同型船とともに世界でもトップクラスの大きさです。

日本一全長の長いフェリー
はまなす／あかしあ
北海道～京都府

👑 全長 224.8m

京都の舞鶴港～北海道の小樽港を、約21時間でむすぶフェリーです。日本のフェリーでもっとも全長が長く、旅客を746名のせることができます。また航海速力は時速約56kmと、大型フェリーとしては日本最速です。

日本一運航距離が長いフェリー
太平洋フェリー
北海道〜愛知県

👑 **約1330km**

北海道の苫小牧から、宮城県の仙台を通り愛知県の名古屋まで、日本最長の航路をむすぶフェリーです。1300km以上の船旅は約40時間にもなり、船内にはレストランや展望風呂もありホテルのように過ごせます。

日本一古い、現役で航行可能な帆船
日本丸
神奈川県横浜市

👑 **昭和5（1930）年**

練習船として50年以上、活躍していた帆船です。現在は横浜市の「日本丸メモリアルパーク」に展示されていますが、今でも航行することはできます。その美しい姿から、「太平洋の白鳥」ともよばれていました。

日本一貨物の取扱量が多い港
名古屋港

愛知県名古屋市

👑 年間 **1.58億**トン

※令和5年

名古屋港が取り扱う貨物は東京や大阪よりも多く、年間1.58億トンにもなります。とくに海外に輸出する貨物では、自動車関連が半分以上をしめます。輸出額は年間15兆円以上にもなり、これも日本一です。

日本一貿易する外国船の入港数が多い港
横浜港

神奈川県横浜市

👑 年間 約**8700**隻

※令和5年

横浜港は江戸時代末期の1859年に開港して以来、150年以上も日本を代表する国際貿易港として発展してきました。今でも年間8000隻以上の船が、貿易にやって来ます。

飛行機の日本一

THE NO.1 in JAPAN

毎日5000機以上もの航空機が、日本の空を飛んでいます（2024年 国土交通省の資料より）。ここでは、そんな飛行機や空港などに関する日本一をまとめました。

日本一座席数の多い飛行機
エアバスA380

👑 **520席**

世界でも最大級のジャンボジェット機です。日本では全日本空輸（ANA）が日本とハワイをむすぶ路線で、ウミガメをコンセプトにした機体デザインの「フライング・ホヌ」として運用しています。

日本一飛行距離の長い国内飛行機路線
新千歳-那覇線（Peach）

北海道～沖縄県

👑 約2240km

もっとも長い距離を飛ぶ国内路線で、北海道の新千歳空港から沖縄の那覇空港までひとっ飛び！最短3時間10分で行くことができます。両空港の気温差が大きく、冬の時期では20℃以上も違う日もあります。

日本一飛行距離の短い国内飛行機路線
奄美大島-喜界島線（JAC）

鹿児島県

👑 約24km

もっとも短い国内路線は日本エアコミューターの喜界島～奄美大島で、たった10分もかかりません。喜界空港は、左右どちらの席に座っていても見送りの人が見えるよう、8の字に飛ぶ「喜界ターン」でも有名です。

日本一利用者数が多い空港
東京国際空港(羽田空港)

東京都大田区

👑 約8094万人

※令和5年度

東京国際空港は、国際線と国内線を合わせると1日20万人以上が利用しています。飛行機の着陸回数は650回近くと、どちらも2位の成田国際空港の2倍以上、関西国際空港の3倍近い数です。

日本一標高が高い空港
信州まつもと空港

長野県松本市・塩尻市

👑 標高 657.5m

長野県のほぼ中央にある空港で、東京スカイツリーのてっぺんよりも高い場所にあります。北アルプス連峰など1500～3000m級の山々に囲まれており、日本で唯一の、海のない県にある空港です。

写真提供:信州まつもと空港利用促進協議会/信州まつもと空港フォトコンテスト2023優秀賞作品

日本の端にある空港

日本には100か所近い空港があります。ここでは、東西南北それぞれの最端にある空港をチェックしてみましょう。

日本一北にある空港
稚内空港
👑 北緯45度24分

日本一西にある空港
与那国空港
👑 東経122度58分

日本一東にある空港
中標津空港
👑 東経144度57分

日本一南にある空港
波照間空港
👑 北緯24度3分

131

バスの日本一

THE NO.1 in JAPAN

私たちにとって身近な乗り物であるバスについても、さまざまな日本一があります。ここでは路線バス、高速バスそれぞれの最長距離と、バス停についての日本一を紹介します。

日本一長い距離を走る路線バス
八木新宮特急バス

奈良県〜和歌山県

169.9km

世界遺産「紀伊山地の霊場と参詣道」エリアへ行くのに便利な奈良交通の「八木新宮特急バス」は、高速道路無しで最長距離を走る路線バス。168か所もの停留所があり、約170kmを約6時間半かけて走ります。

日本一長い距離を走る高速バス
オリオンバス8041便/8042便

東京都～福岡県

👑 約1110km

東京～博多間という日本でもっとも長い距離を走る、星のマークでおなじみのオリオンバス。移動距離は約1100km、乗車時間は約14時間30分と長時間の移動を快適に過ごせるよう、リクライニングシートやカーテンが用意されています。

日本一標高の高い場所にあるバス停
標高2716mバス停
(乗鞍エコーライン)

長野県松本市

👑 標高 2716m

乗鞍エコーラインは標高3000mをこえる乗鞍岳に向かうルートとして、7～10月の4ヶ月間だけマイカー以外の車両が通行できる道路です。そのもっとも高い場所にあるバス停は、ふもとから1000m以上も登った場所にあり、雲を見下ろすほどです。

トンネルの日本一

まわりを海に囲まれ山も多い日本では、鉄道や道路を通すために多くのトンネルが掘られています。そんな数あるトンネルの中から、日本一を紹介します。

日本一長い鉄道トンネル
青函トンネル
北海道〜青森県

👑 全長 **53.85km**

北海道と本州を鉄道でむすぶため、約四半世紀の年月をかけて造られたトンネルです。長さは50km以上あり、一番深い場所は海面から240mの場所にあります。海の下を通るトンネルとしては世界最長です。

日本一長い自動車トンネル
山手トンネル
東京都

👑 全長 **18.2km**

首都高速中央環状線の一部で、池袋から新宿、品川など、交通量の多い都市を地下でむすんでいます。道路トンネルとしては世界で2番目に長く、完成まで50年近くかかる大変な大事業でした。

日本一長い自動車用海底トンネル
アクアトンネル
神奈川県川崎市～千葉県木更津市

👑 全長 **9.6km**

東京湾をまたぎ、川崎市と木更津市をむすぶ東京湾アクアライン。川崎側から海ほたるパーキングエリア間は、世界最長の自動車用海底トンネルです。海ほたるでは、工事に使ったシールドマシンのモニュメントが展示されています。

橋の日本一

JAPAN's NO.1

おもに川を渡るために造られる橋ですが、中には海を渡るほど大きなものもあります。ここでは全国にある、「日本一」がつくほど大きくて長い橋を紹介します。

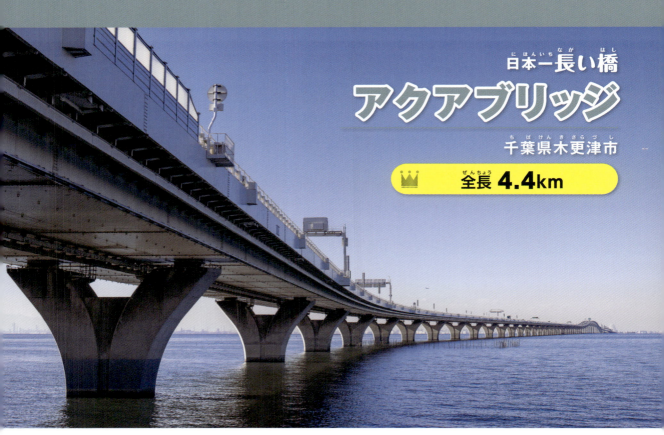

日本一長い橋
アクアブリッジ
千葉県木更津市

👑 全長 **4.4km**

東京湾アクアラインの、海ほたるパーキングエリアから千葉県木更津市側をつなぐ橋です。橋の両側には壁や大きな柱などが少なく、まるで海の上を走っているかのような気分でドライブすることができます。

日本一長いつり橋
明石海峡大橋

兵庫県

👑 全長 **3911**m

瀬戸内海をはさんで、兵庫県の神戸市と淡路島をむすんでいる橋です。つり橋としての長さは世界トップクラスです。高さ300mもある2本の大きな柱からワイヤーをはり、大きな橋全体をささえています。

日本一高い歩行者用つり橋
九重「夢」大吊橋

大分県九重町

👑 高さ **173**m

鳴子川のつり橋は、川の水面からの高さが173mもあり、日本でもっとも高い場所にかけられている橋です。ビルの50階に相当する高さで、見える景色は抜群。近くには日本の滝百選にも選ばれた雄滝があります。

日本一長い石橋
耶馬溪橋(やばけいばし)

大分県中津市

👑 全長 **116**m

大正12（1923）年に完成した、石造りの橋です。8つのアーチがある石橋は全国でもここだけで、その美しい姿から「石橋のお殿様」とよばれています。

日本一長い木造橋
蓬莱橋(ほうらいばし)

静岡県島田市

👑 全長 **897.4**m

交通の難所であった大井川に、明治12（1879）年にかけられました。木造歩道橋としての長さは世界一です。昔ながらの風情に溢れドラマや時代劇のロケにも使われており、年間約10万人もの人が訪れます。

産業の日本一

※農産物および水産物は令和4年の統計調査、畜産物は令和6年2月1日時点での飼育頭数の調査に基づいています（ともに農林水産省）。製造業は、総務省統計局による令和4年の出荷額の調査に基づいています。

食べ物の日本一

THE NO.1 in JAPAN

私たちの食卓に並ぶごはんや野菜、肉や魚などの食材は、どこで多く作られているのでしょうか。ここでは、身近な食べ物についての日本一を紹介します。

日本一米の収穫量が多い都道府県
新潟県

👑 **63.1万トン**（シェア8.7%）

豊かな土地と水に恵まれた新潟県は、古くから「米どころ」として知られ、現在もコシヒカリなどの産地として有名です。お煎餅など、米で作られたお菓子の生産量も新潟県がトップです。

日本一じゃがいもの収穫量が多い都道府県
北海道

👑 **182万トン（シェア80%）**

じゃがいもの8割近くは北海道で生産されていて、その収穫量は180万トン以上！あまりにも多いため、収穫時期にはじゃがいも専用の貨物列車が走り、本州へと運ばれています。

日本一メロンの収穫量が多い都道府県
茨城県

👑 **3.37万トン（シェア24%）**

温暖で水はけのよい土地が多い茨城県は25年以上、メロンの収穫量が日本一多いメロン大国です。甘くてジューシーなメロンは春から初夏にかけてが旬で、メロン狩り体験ができる施設もあります。

日本一しょうがの収穫量が多い都道府県
高知県
👑 **2.05万トン**（シェア44%）

薬味などに使われる生姜の、半分近くが高知県で作られています。高知県はあたたかな気候で、生姜だけでなくナスやニラ、ユズなど多くの農産物が日本一です。

日本一たけのこの収穫量が多い都道府県
福岡県
👑 **5880トン**（シェア27%）

福岡県北九州市は全国でも有数の竹林面積を誇り、中でも合馬地区はとくにおいしいたけのこの名産地として知られています。甘くてやわらかい「合馬たけのこ」は極上品として、高級料亭などで提供されています。

日本一荒茶の生産量が多い都道府県
静岡県
👑 **2.86万トン**（シェア37%）

静岡県は気候や土地がお茶の栽培に適していて、古くからお茶の名産地として知られています。お茶の原料となる生葉の収穫量は鹿児島県がトップですが、製品にした荒茶では静岡県が日本一です（令和4年度）。

日本一乳牛の飼育頭数が多い都道府県
北海道
👑 **82.2万頭（シェア63%）**

広い北海道では農業だけでなく、牛や羊などを飼育する酪農も盛んです。総面積約1700ha（東京ドーム358個分）の日本一広い牧場もあり、生乳や乳製品の生産量でも北海道がトップです。

日本一めばちまぐろの漁獲量が多い都道府県
宮城県
👑 **5360トン（シェア21%）**

世界三大漁場の1つとして知られる三陸沖には多くの種類の魚が生息し、大型のまぐろもやってきます。中には40kg以上の大きなものもあり、とくに秋から冬に獲れるまぐろは脂がのっておいしいと言われています。

日本一ずわいがにの漁獲量が多い都道府県
鳥取県
👑 **560トン（シェア21%）**

冬の味覚として人気のずわいがにほ、多くが日本海側で水揚げされます。その中でも鳥取県の水揚げ量は日本一で、とくに成長したオスは「松葉ガニ」とよばれ高級品として取引されます。過去には1匹500万円という値段がついたことも！

143

ものづくりの日本一

THE NO.1 in JAPAN

工業製品も地域によって特色があり、全国シェアの大半を特定の地域で作っているものも少なくありません。そんな、ものづくりについての日本一を紹介します。

日本一のプラモデルの街
静岡県静岡市

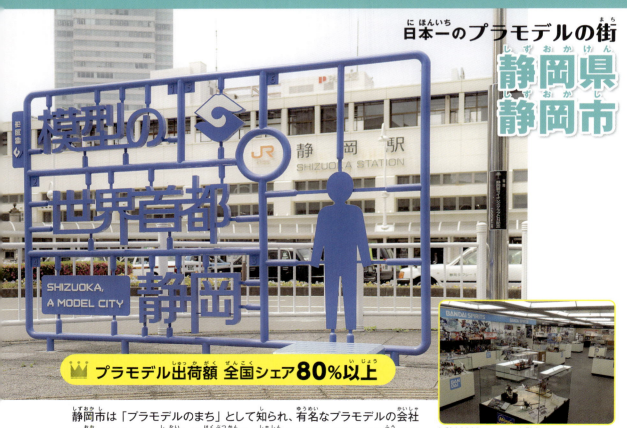

👑 プラモデル出荷額 全国シェア80％以上

静岡駅前にある「静岡ホビースクエア」。

静岡市は「プラモデルのまち」として知られ、有名なプラモデルの会社が多くあります。市内には博物館や、写真のようなプラモデル風のモニュメントがある他、プラモデルに関するイベントも開催されます。

日本一のメガネフレームの街
福井県鯖江市

🜲 シェア 95％以上

雪深い冬でもできることはないかと、鯖江市でメガネ作りが始まったのは約120年前。現在でもフレームやレンズ、修理などさまざまな会社が力を合わせ、まち全体で最高品質のメガネを作っています。日本だけでなく世界でも、約20％のシェアを持ちます。

市内には、メガネの形をしたベンチもあります。

日本一のタオルの街
愛媛県今治市

🜲 シェア 50％以上

今治市のタオルには130年以上の歴史があり、市内には糸を作る工場やそめる工場、タオルを織る工場など200近くの関連する工場があり、国産タオルのシェアの半分以上を占めます。その中でも「今治タオル」として知られるブランドは、高品質のタオルとして人気があります。

「タオル美術館」では、タオルのことが学べます。

日本一の金属洋食器の街
新潟県燕市

シェア 約**95%**

スプーンやフォークなど、日本で作られる金属製洋食器の大半が燕市で作られています。「燕市産業史料館」では、金属産業に関わる歴史的な資料の他、写真のような現代の作品やオブジェが展示されています。

燕市産業史料館では、金属製食器を作る体験もできます。

日本一のジーンズの街
岡山県倉敷市

シェア 約**40%**

綿花の栽培が盛んで繊維産業が発展した倉敷市の児島地区では、昔から木綿を使った足袋や学生服などが作られていました。1970年代からジーンズを作り始めた国産ジーンズ誕生の地であり、現在でも国産ジーンズのうち約40%が児島地区で作られています。

ジーンズがならぶ「児島ジーンズストリート」。

日本一の将棋の駒の街
山形県天童市

👑 シェア 90%以上

江戸時代から将棋の駒が作られていた天童市では、現在はプロが使う最高級品も作られています。市内には将棋博物館や将棋に関するオブジェがたくさんあり、「天童将棋まつり」など将棋のイベントも多く行われています。

日本一のだるまの街
群馬県高崎市

👑 約90万個（平成15年ごろ）

200年以上の歴史を持つ高崎のだるまは、顔に描かれた「鶴」と「亀」が最大の特徴です。福をよびこむ縁起ものとして、今も職人さんが手作りで、年間でおよそ90万個が作られています。

日本一のうちわの街
香川県丸亀市

👑 シェア 約90%

江戸時代から続くうちわの産地であり、丸亀市で作られる竹製のうちわは「丸亀うちわ」の名で知られ、国の伝統工芸品に指定されています。現在、竹製うちわの生産量の約90%を占めています。

147

都道府県別 産業の日本一

北海道

- 農 たまねぎ 16.8万トン ………… シェア68%
- 農 にんじん 16.8万トン ………… シェア29%

- 農 小麦 61.4万トン ………… シェア62%
- 農 ばれいしょ（じゃがいも） 182万トン ………… シェア80%
- 農 かぼちゃ 9.4万トン ………… シェア52%
- 農 大豆 10.9万トン ………… シェア45%
- 農 てんさい（砂糖の原料） 355万トン ………… シェア100%
- 農 やまのいも 7.75万トン ………… シェア49%

私たちの"食"を支える農業や水産業、くらしに関わる製造業の日本一を、都道府県別にまとめました。自分の住んでいる都道府県にはどんな日本一があるか、見てみましょう。

 農 → 農産物　 水 → 水産物　 畜 → 畜産物　 製 → 製造業

 農　スイートコーン　7.81万トン　……シェア37%

 水　こんぶ類　3.92万トン　……シェア96%

 畜　乳用牛　82.2万頭　……シェア63%

 製　冷凍水産食品　2210億円　……シェア30%

 水　ひらめ・かれい類　2.17万トン　……シェア52%

 水　さけ・ます類　8.93万トン　……シェア98%

 水　ほっけ　3.37万トン　……シェア95%

 水　たら類　18.5万トン　……シェア85%

 水　たこ類　1.41万トン　……シェア63%

製　複合肥料　686億円　……シェア24%

 水　ほたてがい　34.0万トン　……シェア99%

 製　乳製品　3490億円　……シェア24%

青森県

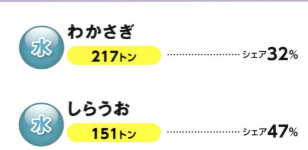

水 わかさぎ 217トン ……… シェア32%

水 しらうお 151トン ……… シェア47%

水 こい 53トン ……… シェア44%

水 うぐい・おいかわ 67トン ……… シェア61%

農 りんご 43.9万トン ……… シェア60%

農 ごぼう 4.26万トン ……… シェア37%

農 にんにく 1.35万トン ……… シェア67%

水 いか類 1.16万トン ……… シェア20%

水 赤いか 2710トン ……… シェア76%

岩手県
いわてけん

 あわび類(るい)

133トン ……………… シェア**19**%

秋田県
あきたけん

 けいそう土(ど)・けいそう土(ど)製品(せいひん)
（かべ紙(がみ)やバスマットなどの材料(ざいりょう)）

23億円(おくえん) ……………… シェア**72**%

宮城県

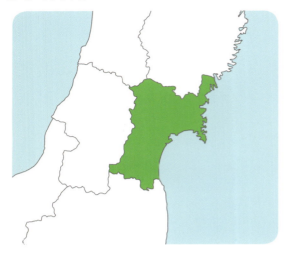

水 養殖ぎんざけ
1.73万トン ……… シェア85%

水 養殖わかめ類
2.21万トン ……… シェア47%

製 海藻加工品
353億円 ……… シェア10%

水 養殖ほや類
5280トン ……… シェア53%

製 合板
（うすく切った木材を接着剤で固めた板）
690億円 ……… シェア16%

水 さめ類
1.15万トン ……… シェア50%

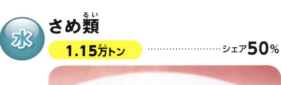

水 まぐろ類
1.96万トン ……… シェア16%

水 かじき類
1990トン ……… シェア26%

水 おきあみ類
5710トン ……… シェア53%

山形県(やまがたけん)

農	西洋(せいよう)なし
	1.82万(まん)トン ……… シェア68%

製	ビデオ機器(きき)
	75億円(おくえん) ……… シェア33%

製	看板(かんばん)・標識機(ひょうしきき)
	1480億円(おくえん) ……… シェア32%

製	パソコン
	1550億円(おくえん) ……… シェア45%

製	集積回路(しゅうせきかいろ)
	4350億円(おくえん) ……… シェア23%

福島県(ふくしまけん)

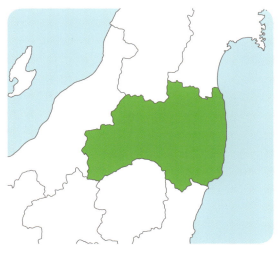

製	写真機(しゃしんき)・映像用機器(えいぞうようきき)
	157億円(おくえん) ……… シェア43%

製	医療用機械(いりょうようきかい)・器具(きぐ)
	1270億円(おくえん) ……… シェア12%

製	ガラス繊維(せんい)
	456億円(おくえん) ……… シェア19%

茨城県（いばらきけん）

 農 ピーマン 3.33万トン …… シェア23%

 農 ねぎ 5.43万トン …… シェア12%

 農 メロン 3.37万トン …… シェア24%

 水 いわし類 24.2万トン …… シェア28%

 農 くり 3670トン …… シェア24%

 水 うなぎ 12トン …… シェア20%

 製 ビール類 2720億円 …… シェア27%

 製 農業用機械（のうぎょうようきかい） 3770億円 …… シェア30%

 農 はくさい 24.4万トン …… シェア28%

 製 顕微鏡・望遠鏡（けんびきょう・ぼうえんきょう） 250億円 …… シェア45%

 農 こまつな 2.51万トン …… シェア21%

 農 れんこん 2.82万トン …… シェア50%

栃木県

農 いちご
2.44万トン　シェア**15**%

製 蒸留酒・混成酒
1820億円　シェア**13**%

製 X線装置
2570億円　シェア**72**%

製 光学機械用レンズ・プリズム
830億円　シェア**20**%

群馬県

農 キャベツ
28.5万トン　シェア**20**%

製 豆腐・油揚げ
410億円　シェア**13**%

農 ほうれんそう
2.23万トン　シェア**11**%

製 万年筆・ペン類・鉛筆
406億円　シェア**20**%

農 こんにゃくいも
4.92万トン　シェア**95**%

埼玉県

人形
65億円 ･･･ シェア29%

さといも
1.79万トン ･･･ シェア13%

印刷インキ
1140億円 ･･･ シェア41%

東京都

無線通信機械器具
4390億円 ･･･ シェア29%

航空機用原動機
(航空機用のエンジンなど)
5330億円 ･･･ シェア40%

医療用電子応用装置
1510億円 ･･･ シェア87%

神奈川県

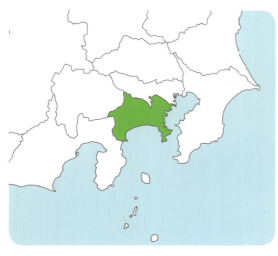

化粧品(仕上用・皮膚用)
2940億円 ･･･ シェア20%

光ファイバーケーブル
353億円 ･･･ シェア100%

フラットパネルディスプレイ製造装置
1820億円 ･･･ シェア41%

交通信号保安装置
818億円 ･･･ シェア45%

千葉県

水	養殖まぜのり	381トン	シェア68%
畜	採卵鶏（卵を産むにわとり）	1420万羽	シェア8.3%
製	石油（精製）	4.41兆円	シェア54%
製	プラスチック	9490億円	シェア22%
農	らっかせい	1.49万トン	シェア85%
製	しょう油・食用アミノ酸	250億円	シェア20%
水	いせえび	238トン	シェア21%
農	大根	14.5万トン	シェア12%
農	かぶ	2.74万トン	シェア26%
製	砂糖（精製）	436億円	シェア41%
農	さやいんげん	5060トン	シェア16%

新潟県

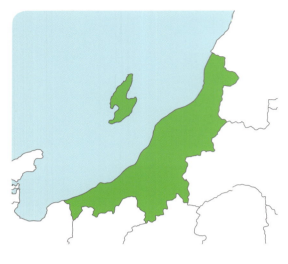

製	米菓（せんべい・あられ） 1540億円	シェア48%
製	洋食器 446億円	シェア98%
農	米 63.1万トン	シェア8.7%
製	セーター類 126億円	シェア35%

長野県

農	レタス 18.3万トン	シェア33%
製	みそ 693億円	シェア57%
農	セロリ 1.22万トン	シェア42%
製	野菜・果実かんづめ 435億円	シェア11%

電子回路基板 3230億円 …… シェア **25**%

 時計・時計部分品 507億円 …… シェア **35**%

 印刷装置 7090億円 …… シェア **80**%

山梨県

 おうとう 1.24万トン …… シェア **77**%

 すもも 5940トン …… シェア **32**%

 果実酒(ワインなど果物で作ったお酒) 164億円 …… シェア **45**%

 ロボット 5110億円 …… シェア **31**%

 ぶどう 4.08万トン …… シェア **25**%

 貴金属・ジュエリー 348億円 …… シェア **22**%

 電子計算機(パソコン以外) 866億円 …… シェア **52**%

 もも 3.57万トン …… シェア **31**%

富山県

 製　医薬品原薬
667億円　……　シェア19%

 製　針・ピン・ホック・スナップ など
842億円　……　シェア83%

 製　金属製サッシ・ドア
2410億円　……　シェア26%

石川県

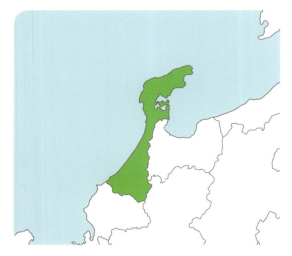

 水　にぎす類
862トン　……　シェア42%

 製　製織機械・編組機械
235億円　……　シェア68%

 製　事務所用・店舗用装備品
625億円　……　シェア35%

 製　かさ高加工糸（使いやすく加工した糸）
163億円　……　シェア69%

福井県

 漆器（うるしをぬった器や箸など）
51億円 …… シェア34%

 めがね
616億円 …… シェア42%
※メガネフレームのみのシェアは95%以上

 絹・人絹織物
257億円 …… シェア24%

 たて編みニット(生地)
112億円 …… シェア47%

 絹・人絹織物機械染色
435億円 …… シェア56%

 レース(生地)
53億円 …… シェア31%

岐阜県

食卓用・厨房用陶磁器
238億円 …… シェア51%

 陶磁器製タイル
331億円 …… シェア73%

161

静岡県

 水 かつお 5.74万トン …… シェア30%

 製 空調・住宅関連機器 6380億円 …… シェア36%

 農 荒茶(加工をしたお茶の葉) 2.86万トン …… シェア37%

 製 電気照明器具 4610億円 …… シェア43%

 水 きはだまぐろ 1.29万トン …… シェア24%

 製 製茶 1550億円 …… シェア50%

 製 発電機・電動機 3170億円 …… シェア21%

 製 ピアノ 291億円 …… シェア100%

愛知県

 農 ふき 3230トン …… シェア42%

水	あさり類 3000トン	シェア53%
水	養殖あおのり 260トン	シェア64%
製	自動車 7.29兆円	シェア33%
製	自動車部分品 19.7兆円	シェア53%
製	自動車用タイヤ・チューブ 2160億円	シェア26%
製	エレベータ・エスカレータ 1260億円	シェア41%

三重県

| 水 | 養殖ばらのり 3430トン | シェア54% |

製	液晶パネル・フラットパネル 3790億円	シェア55%
製	自動販売機 570億円	シェア57%
製	ろうそく 66億円	シェア92%

滋賀県

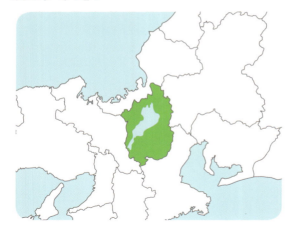

 あゆ
319トン ……… シェア**18**%

水 はぜ類（淡水）
31トン ……… シェア**46**%

水 えび類（淡水）
58トン ……… シェア**48**%

製 医薬品製剤
9050億円 ……… シェア**12**%

製 ガラス製加工素材
1520億円 ……… シェア**74**%

製 ゼラチン・接着剤
913億円 ……… シェア**24**%

製 衛生陶器
235億円 ……… シェア**39**%
※洗面台や手洗い台など

京都府

水 さわら類
1080トン ……… シェア**10**%

製 情報記録物
5280億円 ……… シェア**91**%

製	分析機器 1570億円	シェア**71**%

製	和装製品 153億円	シェア**45**%

兵庫県

水	くろだい 391トン	シェア**18**%

水	いかなご 1710トン	シェア**51**%

製	蒸気機関・タービン・水力タービン 4550億円	シェア**68**%

製	鉄道車両 975億円	シェア**28**%

製	清酒（日本酒） 862億円	シェア**22**%

製	携帯電話・PHS電話機 831億円	シェア**100**%

製	板ガラス 339億円	シェア**100**%

製	ほうき・ブラシ 391億円	シェア**33**%

水	しらす 1.24万トン	シェア**29**%

製	でんぷん 599億円	シェア**48**%

水	まだい 2180トン	シェア**14**%

製	コーヒー 622億円	シェア**22**%

大阪府

製 くぎ	59億円	シェア89%
製 作業工具	316億円	シェア34%
製 自転車・自転車部分品	3370億円	シェア71%
製 プラスチック製日用雑貨・食卓用品	649億円	シェア14%
製 じゅうたん	340億円	シェア30%
製 毛布	43億円	シェア100%
製 毛筆・絵画用品	263億円	シェア75%
農 しゅんぎく	3330トン	シェア13%
製 建設機械・鉱山機械	9410億円	シェア19%
製 電線・ケーブル	3650億円	シェア21%
製 一次電池(乾電池など)	693億円	シェア60%
製 消火器具・消火装置	235億円	シェア42%

奈良県

 くつ下
258億円 …… シェア54%

和歌山県

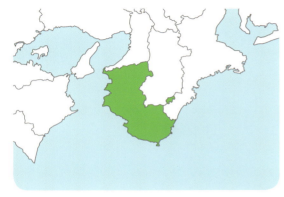

 みかん
10.9万トン …… シェア16%

農 かき
4.20万トン …… シェア19%

農 うめ
6.44万トン …… シェア67%

農 グリンピース
2070トン …… シェア42%

水 海産哺乳類（くじらなど）
86トン …… シェア39%

 石けん・合成洗剤
2970億円 …… シェア31%

 野菜漬物（かんづめ・びんづめをのぞく）
522億円 …… シェア13%

 丸編ニット生地
200億円 …… シェア38%

鳥取県

- 水 はたはた 1330トン ……… シェア42%
- 水 ずわいがに 560トン ……… シェア21%

島根県

- 水 あなご類 508トン ……… シェア22%
- 水 しじみ 4290トン ……… シェア52%
- 製 抵抗器・コンデンサ・変成器 2840億円 ……… シェア17%

岡山県

- 製 織物製事務用・作業用・衛生用・スポーツ用衣服・学校服 892億円 ……… シェア37%
- 水 ふな 147トン ……… シェア43%
- 製 耐火れんが 838億円 ……… シェア50%
- 製 ロックウール 302億円 ……… シェア83%

※建物の断熱材や吸音材に使われる素材

広島県

水 養殖かき類
9.68万トン ……… シェア58%

製 印刷・製本・紙工機械
934億円 ……… シェア24%

製 船舶製造・修理
4090億円 ……… シェア19%

製 ラジオ受信機・テレビジョン受信機
13億円 ……… シェア100%

製 漁網
159億円 ……… シェア37%

山口県

水 あまだい類
250トン ……… シェア21%

製 脂肪族系中間物
5950億円 ……… シェア35%
※石油から取り出した化学物質

製 農薬
649億円 ……… シェア28%

製 ちっ素質・りん酸質肥料
135億円 ……… シェア100%

169

徳島県

製 生薬・漢方製剤
209億円 ……… シェア**24**%

製 綿・スフ・麻織物機械染色
131億円 ……… シェア**29**%
※織った布をそめて色をつけること

愛媛県

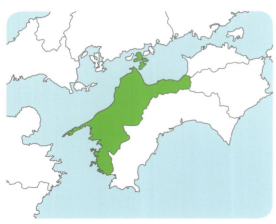

水 養殖まだい
3.86万トン ……… シェア**57**%

農 キウイフルーツ
4790トン ……… シェア**21**%

水 養殖しまあじ
2170トン ……… シェア**48**%

製 洋紙・機械すき和紙
3730億円 ……… シェア**30**%

製 日用紙製品
118億円 ……… シェア**31**%

製 手すき和紙
24億円 ……… シェア**63**%

製 タオル
363億円 ……… シェア**66**%

香川県

 パーティクルボード
（細かくした木材を接着剤で固めた板）

106億円 ……… シェア95%

水 養殖生のり類
135トン ……… シェア10%

製 手袋
62億円 ……… シェア30%

製 冷凍調理食品
1440億円 ……… シェア10%

製 かわ製手袋
60億円 ……… シェア88%

高知県

農 なす
4.06万トン ……… シェア14%

水 びんながまぐろ
5060トン ……… シェア21%

農 にら
1.43万トン ……… シェア26%

水 そうだがつお類
1330トン ……… シェア21%

農 しょうが
2.05万トン ……… シェア44%

水 へだい
121トン ……… シェア32%

福岡県

農 たけのこ
5880トン ……… シェア27%

製 セメント
946億円 ……… シェア32%

製 ゴム製はき物
42億円 ……… シェア38%

佐賀県

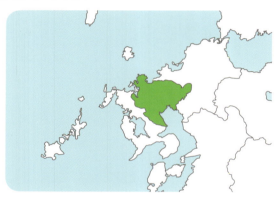

水 養殖のり類
5.44万トン ……… シェア23%

水 えび類
2300トン ……… シェア18%

製 陶磁器製置物
15億円 ……… シェア50%

大分県

水 養殖ひらめ
503トン ……… シェア27%

製 デジタルカメラ
1830億円 ……… シェア75%

172

長崎県

水 たい類 4370トン ……… シェア18%

水 いさき 1140トン ……… シェア33%

水 さざえ 648トン ……… シェア16%

水 養殖くろまぐろ 7230トン ……… シェア35%

農 びわ 853トン ……… シェア34%

水 さば類 7.09万トン ……… シェア22%

水 あじ類 5.36万トン ……… シェア47%

水 養殖しんじゅ 5310kg ……… シェア42%

水 ぶり類 1.08万トン ……… シェア12%

水 うるめいわし 2.06万トン ……… シェア32%

173

熊本県
くまもとけん

 すいか
4.80万トン ……… シェア15%

 トマト
13.0万トン ……… シェア18%

 半導体製造装置
はんどうたいせいぞうそうち
7150億円 ……… シェア15%

宮崎県
みやざきけん

 きゅうり
6.45万トン ……… シェア12%

 むろあじ類
るい
4520トン ……… シェア29%

 まかじき
336トン ……… シェア30%

174

鹿児島県

区分	品目	数量	シェア
畜	ブロイラー(若鶏)	3200万羽	シェア22%
畜	肉用牛	35.0万頭	シェア18%
水	養殖ぶり	2.16万トン	シェア25%
水	養殖かんぱち	1.39万トン	シェア57%
畜	ぶた	120万頭	シェア14%
製	配合飼料(豚や鶏などのえさ)	3470億円	シェア18%
製	部分肉・冷凍肉	2360億円	シェア11%
製	電気用陶磁器	2080億円	シェア45%
農	生葉(加工する前のお茶の葉)	13.0万トン	シェア39%
製	食酢(料理などに使うお酢)	21億円	シェア40%
農	さやえんどう	4980トン	シェア26%
農	そらまめ	3230トン	シェア24%

175

沖縄県(おきなわけん)

 水 養殖(ようしょく)くるまえび
372トン ……… シェア31%

 農 さとうきび
73.8万(まん)トン ……… シェア58%

 水 養殖(ようしょく)もずく類(るい)
1.52万(まん)トン ……… シェア99%

 水 くろかじき類(るい)
301トン ……… シェア20%

 農 パインアップル
7420トン ……… シェア100%

都道府県別の日本一まとめ

北海道の日本一

- 面積:83,422㎢（1位）　● 人口:504万人（9位）　● 道庁所在地:札幌市

日本一広い無人島
渡島大島 ………………………… P.11

日本一面積が広い汽水湖
サロマ湖 ………………………… P.15

日本一短くなった川
石狩川 ………………………… P.22

日本一広いひまわり畑
北竜町 ひまわりの里 ………… P.47

日本一大きい星形の城
五稜郭 ……………… P.67

日本一北にある海水浴場
坂の下海水浴場 ……………… P.101

日本一観客数の多い雪まつり
さっぽろ雪まつり ……………… P.104

日本一乳牛の飼育頭数が多い都道府県
北海道 ……………… P.143

日本一透明な湖　摩周湖	P.14
日本一長いさし　野付半島	P.38
一般の人が行ける、日本の北の端　宗谷岬	P.41
日本一低い最低気温　旭川市	P.55
日本一じゃがいもの収穫量が多い都道府県　北海道	P.141
日本一小麦の収穫量が多い都道府県　など　北海道	P.148

179

青森県の日本一

- 面積:9,645km²（8位）
- 人口:116万人（9位）
- 県庁所在地:青森市

日本一大きいイチョウ
北金ヶ沢の大イチョウ P.49

日本一長い鉄道トンネル
青函トンネル P.134

日本一北の、野生のサルが生息する場所	下北半島	P.51
日本一雪が深く積もる県	青森県	P.56
日本一出力の大きい風力発電所	ウィンドファームつがる	P.63
日本一大きい縄文時代の遺跡	三内丸山遺跡	P.77
日本一高いねぶた	五所川原立佞武多	P.105
日本一りんごの収穫量が多い都道府県	青森県	P.150
日本一にんにくの収穫量が多い都道府県	青森県	P.150
日本一赤いかの漁獲量が多い都道府県　など	青森県	P.150

180

岩手県の日本一

- 面積：15,275㎢（2位）
- 人口：114万人（32位）
- 県庁所在地：盛岡市

日本一大きいかやぶき屋根の寺
正法寺 法堂 P.73

日本一長い山脈
奥羽山脈 P.9

日本一長い鍾乳洞
安家洞 P.32

日本一あわびの漁獲量が多い都道府県
岩手県 P.151

宮城県の日本一

- 面積：7,282㎢（16位）
- 人口：225万人（14位）
- 県庁所在地：仙台市

日本一標高が低い人工の山
日和山 P.8

日本一めばちまぐろの漁獲量が多い都道府県
宮城県 P.143

日本一さめ類の漁獲量が多い都道府県
宮城県 P.152

日本一養殖ぎんざけの収穫量が多い都道府県
宮城県 P.152

日本一養殖ほや類の収穫量が多い都道府県 など
宮城県 P.152

181

秋田県の日本一

- 面積：11,638㎢（6位）
- 人口：90万人（39位）
- 県庁所在地：秋田市

日本一広いブナ林
白神山地 ……… P.44

牛の一枚皮を使った、日本一大きい和太鼓
世界一の大太鼓（大太鼓の館） … P.92

日本一深い湖	**田沢湖**	P.13
日本一酸性度が強い温泉	**玉川温泉**	P.31
日本一広い盆地	**横手盆地**	P.38
日本一太陽の出ている時間が短い県	**秋田県**	P.56
日本一大きい環状列石（ストーンサークル）	**万座環状列石**（大湯環状列石）	P.77
日本一大きい木造ドーム	**大館樹海ドーム**（ニプロハチ公ドーム）	P.100
日本一けいそう土・けいそう土製品の出荷額が多い都道府県	**秋田県**	P.151

山形県の日本一

- 面積：9,323㎢（9位）
- 人口：101万人（36位）
- 県庁所在地：山形市

日本一大きいケヤキ
東根の大ケヤキ ……………… P.49

日本一大きいなべ
日本一の芋煮会フェスティバル
大なべ「三代目鍋太郎」 ……… P.103

日本一滝の数が多い都道府県	山形県	P.27
日本一大きいカツラ	権現山の大カツラ	P.48
日本一の将棋の駒の街	山形県天童市	P.147
日本一西洋なしの収穫量が多い都道府県	山形県	P.153
日本一パソコンの出荷額が多い都道府県	山形県	P.153
日本一集積回路の出荷額が多い都道府県	山形県	P.153
日本一ビデオ機器の出荷額が多い都道府県	山形県	P.153
日本一看板・標識機の出荷額が多い都道府県	山形県	P.153

183

福島県の日本一

- 面積：13,784㎢（3位）
- 人口：174万人（21位）
- 県庁所在地：福島市

日本一面積の広い露天風呂
江戸情話 与市（スパリゾートハワイアンズ） ……… P.89

日本一大きいわらじ
福島わらじまつり ……… P.109

日本一写真機・映像用機器の出荷額が多い都道府県	**福島県**	P.153
日本一医療用機械・器具の出荷額が多い都道府県	**福島県**	P.153
日本一ガラス繊維の出荷額が多い都道府県	**福島県**	P.153

茨城県の日本一

- 面積:6,098㎢(24位) ●人口:281万人(11位) ●県庁所在地:水戸市

日本一古い地層
カンブリア紀地層 ……… P.39

日本一長いすべり台
わくわくスライダー(奥日立きららの里)
……………………………………… P.92

日本一霧の出る日が多い都道府県	**茨城県**	P.56
日本一大きい大仏	**牛久大仏**	P.74
日本一メロンの収穫量が多い都道府県	**茨城県**	P.141
日本一はくさいの収穫量が多い都道府県	**茨城県**	P.154
日本一れんこんの収穫量が多い都道府県	**茨城県**	P.154
日本一くりの収穫量が多い都道府県	**茨城県**	P.154
日本一いわし類の漁獲量が多い都道府県	**茨城県**	P.154
日本一顕微鏡・望遠鏡の出荷額が多い都道府県 など	**茨城県**	P.154

185

栃木県の日本一

- 面積:6,408km²(20位)
- 人口:188万人(19位)
- 県庁所在地:宇都宮市

日本一長い並木道
日光杉並木 ……………………… P.44

日本一大きい屋外芝居
山あげ祭 ……………………… P.109

日本一標高が高い湖	中禅寺湖	P.14
日本一大きい道の駅	みぶハイウェーパーク・道の駅みぶ	P.91
日本一古いリゾートホテル	日光金谷ホテル	P.95
日本一いちごの収穫量が多い都道府県	栃木県	P.155
日本一X線装置の出荷額が多い都道府県	栃木県	P.155
日本一蒸留酒・混成酒の出荷額が多い都道府県	栃木県	P.155
日本一光学機械用レンズ・プリズムの出荷額が多い都道府県	栃木県	P.155

群馬県の日本一

- 面積:6,362㎢(21位)　● 人口:189万人(18位)　● 県庁所在地:前橋市

日本一自然湧出量が多い温泉
草津温泉 ……………………… P.28

日本一地表から深い場所にある駅
土合駅 ……………………… P.122

日本一流域面積が広い川　**利根川**	P.21
現存する中で日本一古い木造建築の旅館　**積善館**	P.95
日本一のだるまの街　**群馬県高崎市**	P.147
日本一キャベツの収穫量が多い都道府県　**群馬県**	P.155
日本一ほうれんそうの収穫量が多い都道府県　**群馬県**	P.155
日本一こんにゃくいもの収穫量が多い都道府県　**群馬県**	P.155
日本一豆腐・油揚げの出荷額が多い都道府県　**群馬県**	P.155
日本一万年筆・ペン類・鉛筆の出荷額が多い都道府県　**群馬県**	P.155

埼玉県の日本一

- 面積:3,798㎢(39位) ● 人口:733万人(5位) ● 県庁所在地:さいたま市

日本一長い桜並木
見沼田んぼの桜回廊……………P.45

日本一大きいこいのぼり
加須市民平和祭 ジャンボこいのぼり
………………………………………P.103

日本一川幅が広い川 荒川	P.21
日本一アルカリ性度が強い温泉 都幾川温泉	P.31
日本一広いポピー畑 ポピー・ハッピースクエア	P.46
日本一大きい地下放水路 首都圏外郭放水路	P.62
日本一大きい水車 大水車(埼玉県立川の博物館)	P.85
日本一高いひな人形で飾るピラミッドひな壇 鴻巣びっくりひな祭り	P.107
日本一大きい田んぼアート 世界最大の田んぼアート	P.108
日本一大きいショッピングモール イオンレイクタウン	P.110
日本一人形の出荷額が多い都道府県 など 埼玉県	P.156

千葉県の日本一

- 面積:5,156㎢(28位)　●人口:628万人(6位)　●県庁所在地:千葉市

日本一大きい石の大仏
日本寺の大仏 … P.75

日本一人形の数が多い
石段のひな飾り
遠見岬神社のひな飾り
（かつうらビッグひな祭り）
……………………… P.107

1時間の降水量日本一(タイ記録)	**香取市**	P.55
日本一長い橋	**アクアブリッジ**	P.136
日本一大根の収穫量が多い都道府県	**千葉県**	P.157
日本一らっかせいの収穫量が多い都道府県	**千葉県**	P.157
日本一採卵鶏の飼育頭数が多い都道府県	**千葉県**	P.157
日本一いせえびの漁獲量が多い都道府県	**千葉県**	P.157
日本一石油(精製)の出荷額が多い都道府県	**千葉県**	P.157
日本一しょう油・食用アミノ酸の出荷額が多い都道府県　など	**千葉県**	P.157

東京都の日本一

- 面積:2,200㎢（45位）
- 人口:1419万人（1位）
- 都庁所在地:新宿区

日本一登山者数が多い山
高尾山 …………………… P.8

日本一来館者数が多い博物館
国立科学博物館 上野本館 …P.82

現役の中で日本一古いコースター
ローラーコースター（浅草花やしき）
………………………………… P.88

日本一客室数の多いホテル
品川プリンスホテル ………… P.97

日本一大きい丸ポスト
日本一丸ポスト ……… P.114

日本一利用者数の多い駅
新宿駅 ……… P.122

日本一利用者数が多い空港
東京国際空港(羽田空港) ……… P.130

日本一長い自動車トンネル
山手トンネル ……… P.135

日本一新しい島	**西之島**	P.10
日本の南の端	**沖ノ鳥島**	P.41
日本一高いタワー	**東京スカイツリー**®	P.58
日本一来園者数が多い動物園	**恩賜上野動物園**	P.79
日本一来館者数が多い美術館	**国立新美術館**	P.81
日本一無線通信機械器具の出荷額が多い都道府県　など	**東京都**	P.156

191

神奈川県の日本一

- 面積:2,417㎢（43位）
- 人口:922万人（2位）
- 県庁所在地:横浜市

日本一古い、現役で航行可能な帆船
日本丸 ……… P.126

日本一長い自動車用海底トンネル
アクアトンネル ……… P.135

日本一ひとつの建物で客室数が多いホテル
アパホテル＆リゾート＜横浜ベイタワー＞ ……… P.96

日本一収容人数の多い競技場　**日産スタジアム** ……… P.98

日本一貿易する外国船の入港数が多い港　**横浜港** ……… P.127

日本一化粧品(仕上用・皮膚用)の出荷額が多い都道府県　**神奈川県** ……… P.156

日本一光ファイバーケーブルの出荷額が多い都道府県　**神奈川県** ……… P.156

日本一フラットパネルディスプレイ製造装置の出荷額が多い都道府県　**神奈川県** ……… P.156

日本一交通信号保安装置の出荷額が多い都道府県　**神奈川県** ……… P.156

新潟県の日本一

- 面積：12,584㎢（5位）
- 人口：210万人（15位）
- 県庁所在地：新潟市

日本一長い川
信濃川／千曲川 …………… P.20

日本一米の収穫量が多い都道府県
新潟県 …………… P.140

日本一小さい山脈	**櫛形山脈**	P.9
日本一大きい杉	**将軍杉**	P.48
日本一飛来するハクチョウ類が多い場所	**佐潟**	P.51
日本一高い最低気温	**糸魚川市**	P.55
日本一大きい花火	**片貝まつり 四尺玉**	P.102
日本一の金属洋食器の街	**新潟県燕市**	P.146
日本一米菓（せんべい・あられ）の出荷額が多い都道府県	**新潟県**	P.158
日本一セーター類の出荷額が多い都道府県	**新潟県**	P.158

193

富山県の日本一

- 面積：4,248㎢（33位）
- 人口：100万人（37位）
- 県庁所在地：富山市

日本一標高が高い場所にある温泉
みくりが池温泉 ……………… P.30

日本一堤高の高いダム
黒部ダム ……………… P.60

日本一落差が大きい滝	**称名滝**	P.25
日本一深い峡谷	**黒部峡谷**	P.35
日本一長い駅名	**トヨタモビリティ富山 Ｇスクエア五福前（五福末広町）**	P.123
日本一金属製サッシ・ドアの出荷額が多い都道府県	**富山県**	P.160
日本一医薬品原薬の出荷額が多い都道府県	**富山県**	P.160
日本一針・ピン・ホック・スナップなどの出荷額が多い都道府県	**富山県**	P.160

石川県の日本一

- 面積：4,186㎢（35位）
- 人口：110万人（33位）
- 県庁所在地：金沢市

日本一大きい曳山
青柏祭の曳山行事（でか山） … P.104

日本一長いベンチ
世界一長いベンチ … P.111

日本一雷のなる日が多い県	**石川県**	P.56
日本一にぎす類の漁獲量が多い都道府県	**石川県**	P.160
日本一事務所用・店舗用装備品の出荷額が多い都道府県	**石川県**	P.160
日本一製織機械・編組機械の出荷額が多い都道府県	**石川県**	P.160
日本一かさ高加工糸の出荷額が多い都道府県	**石川県**	P.160

福井県の日本一

● 面積:4,191㎢(34位)　● 人口:74万人(43位)　● 県庁所在地:福井市

日本一大きい恐竜博物館
福井県立恐竜博物館 ……………P.83

日本一のメガネフレームの街
福井県鯖江市 ……………P.145

日本一めがねの出荷額が多い都道府県　**福井県** ……………………………………………P.161

日本一絹・人絹織物の出荷額が多い都道府県　**福井県** …………………………………P.161

日本一絹・人絹織物機械染色の出荷額が多い都道府県　**福井県** ………………P.161

日本一たて編みニット(生地)の出荷額が多い都道府県　**福井県** ………………P.161

日本一レース(生地)の出荷額が多い都道府県　**福井県** ……………………………P.161

日本一漆器の出荷額が多い都道府県　**福井県** …………………………………………P.161

山梨県の日本一

- 面積:4,465㎢(32位)　● 人口:79万人(41位)　● 県庁所在地:甲府市

日本一古い桜
山高神代桜 ……………………… P.43

日本一古い旅館
慶雲館 ……………………… P.94

日本一標高が高い山	**富士山**	P.6
日本一太陽の出ている時間が長い県	**山梨県**	P.56
日本一ぶどうの収穫量が多い都道府県	**山梨県**	P.159
日本一ももの収穫量が多い都道府県	**山梨県**	P.159
日本一おうとうの収穫量が多い都道府県	**山梨県**	P.159
日本一ロボットの出荷額が多い都道府県	**山梨県**	P.159
日本一貴金属・ジュエリーの出荷額が多い都道府県	**山梨県**	P.159
日本一果実酒の出荷額が多い都道府県　など	**山梨県**	P.159

長野県の日本一

- 面積：13,562㎢（4位）
- 人口：199万人（16位）
- 県庁所在地：長野市

日本一標高が高い池
御嶽山二ノ池 …………… P.17

日本一標高の高いホテル
ホテル千畳敷 …………… P.97

日本一標高が高い場所にある露天風呂	**本沢温泉**	P.30
日本一海から遠い場所	**長野県佐久市の山中**	P.41
日本一雨の量が少ない県	**長野県**	P.56
日本一標高の高いスキー場	**千畳敷スキー場**	P.100
日本一標高の高い市区町村の役所	**川上村役場**	P.112
日本一高い場所にある駅	**野辺山駅**	P.123
日本一標高が高い空港	**信州まつもと空港**	P.130
日本一標高の高い場所にあるバス停	**標高2716mバス停**（乗鞍エコーライン）	P.133
日本一レタスの収穫量が多い都道府県 など	**長野県**	P.158

静岡県の日本一

- 面積:7,777㎢（13位）　●人口:352万人（10位）　●県庁所在地:静岡市

日本一水深が深い湾
駿河湾 ……………………………………… P.19

日本一大きい金塊
土肥金山の金塊 ………………………… P.93

日本一標高が高い山	**富士山**	P.6
日本一大きなあじさい園	**下田公園**	P.46
日本一高い最高気温(タイ記録)	**浜松市**	P.54
日本一標高の高い郵便局	**富士山頂郵便局**	P.113
日本一急な場所を走る列車	**大井川鐵道 井川線**	P.121
日本一長い木造橋	**蓬莱橋**	P.138
日本一荒茶生産量が多い都道府県	**静岡県**	P.142
日本一のプラモデルの街	**静岡県静岡市**	P.144
日本一ピアノの出荷額が多い都道府県　など	**静岡県**	P.162

199

愛知県の日本一

● 面積：5,173㎢（27位）　● 人口：747万人（4位）　● 県庁所在地：名古屋市

日本一古い現存天守の城
犬山城 ……………………………… P.66

日本一貨物の取扱量が多い港
名古屋港 ……………………………… P.127

日本一飼育種類数が多い動物園	**東山動物園**	P.80
日本一の延床面積の広い水族館	**名古屋港水族館**	P.80
日本一大きいプラネタリウム	**名古屋市科学館**	P.84
日本一ベッドの数が多い病院	**藤田医科大学病院**	P.112
日本一ふきの収穫量が多い都道府県	**愛知県**	P.163
日本一あさり類の漁獲量が多い都道府県	**愛知県**	P.163
日本一自動車の出荷額が多い都道府県	**愛知県**	P.163
日本一エレベータ・エスカレータの出荷額が多い都道府県　など	**愛知県**	P.163

三重県の日本一

- 面積：5,774km²（25位）
- 人口：171万人（22位）
- 県庁所在地：津市

日本一面積の広いプール
ジャンボ海水プール（ナガシマスパーランド）
……………………………………………… P.89

日本一短い駅名
津 ……………………………………………… P.123

日本一面積の広い神社　**伊勢神宮**	P.70
日本一飼育種類数が多い水族館　**鳥羽水族館**	P.80
日本一距離が長いジェットコースター **スチールドラゴン2000**（ナガシマスパーランド）	P.87
日本一養殖ばらのりの収穫量が多い都道府県　**三重県**	P.163
日本一自動販売機の出荷額が多い都道府県　**三重県**	P.163
日本一液晶パネル・フラットパネルの出荷額が多い都道府県　**三重県**	P.163
日本一ろうそくの出荷額が多い都道府県　**三重県**	P.163

岐阜県の日本一

- 面積：10,621㎢（7位）
- 人口：191万人（17位）
- 県庁所在地：岐阜市

日本一広いバラ園
ぎふワールド・ローズガーデン P.47

日本一食卓用・厨房用陶磁器の
出荷額が多い都道府県
岐阜県 ……………………… P.161

日本一陶磁器製タイルの出荷額が多い都道府県
岐阜県 ……………………… P.161

日本一標高の高い鍾乳洞
飛騨大鍾乳洞 ……………… P.33

滋賀県の日本一

- 面積：4,017㎢（38位）
- 人口：140万人（26位）
- 県庁所在地：大津市

日本一の積雪の深さ
伊吹山 ……………………… P.54

日本一あゆの漁獲量が多い都道府県
滋賀県 ……………………… P.164

日本一医薬品製剤の出荷額が多い都道府県
滋賀県 ……………………… P.164

日本一衛生陶器の出荷額が多い都道府県　など
滋賀県 ……………………… P.164

日本一面積が広い湖
琵琶湖 ……………………… P.12

京都府の日本一

- 面積：4,612㎢（31位）
- 人口：252万人（13位）
- 府庁所在地：京都市

日本一古い神社の建物
宇治上神社 ……………… P.70

日本一長い本堂
三十三間堂（蓮華王院） ……… P.73

日本一さわら類の漁獲量が多い都道府県
京都府 ……………………… P.164

日本一情報記録物の出荷額が多い都道府県
京都府 ……………………… P.164

日本一分析機器の出荷額が多い都道府県
京都府 ……………………… P.165

日本一和装製品の出荷額が多い都道府県
京都府 ……………………… P.165

奈良県の日本一

- 面積：3,691㎢（40位）
- 人口：129万人（27位）
- 県庁所在地：奈良市

日本一古い神社
大神神社 ……………… P.69

日本一古い寺
飛鳥寺 ……………………… P.72

日本一長い距離を走る路線バス
八木新宮特急バス ………… P.132

日本一くつ下の出荷額が多い都道府県
奈良県 ……………………… P.167

203

大阪府の日本一

- 面積:1,905km²(46位)
- 人口:877万人(3位)
- 府庁所在地:大阪市

日本一古いため池
狭山池 ……………………… P.17

日本一支流が多い水系
淀川水系 ……………………… P.23

日本一高い復元天守の城
大阪城 ……………………… P.68

日本一大きい石垣の石
たこ石(大阪城) ……………… P.68

日本一大きい前方後円墳
仁徳天皇陵古墳(大山古墳) ……P.76

日本一大きい観覧車
OSAKA WHEEL ……P.88

日本一長い商店街
天神橋筋商店街 ……P.111

日本一古い現役の車両
阪堺電気軌道 モ161形 ……P.121

日本一しゅんぎくの収穫量が多い都道府県 　大阪府 ……P.166

日本一電線・ケーブルの出荷額が多い都道府県 　大阪府 ……P.166

日本一、一次電池の出荷額が多い都道府県 　大阪府 ……P.166

日本一くぎの出荷額が多い都道府県 　大阪府 ……P.166

日本一自転車・自転車部分品の出荷額が多い都道府県 　など 　大阪府 ……P.166

兵庫県の日本一

- 面積：8,401㎢（12位）
- 人口：534万人（7位）
- 県庁所在地：神戸市

日本一高い現存天守の城
姫路城 ……………………… P.64

写真提供：姫路市

日本一長いつり橋
明石海峡大橋 ……………………… P.137

日本一大きい、一般の人も覗くことができる望遠鏡
なゆた望遠鏡（兵庫県立大学西はりま天文台） ……………………… P.84

日本一古いプロ野球の球場　**阪神甲子園球場** ……………………… P.99

日本一しらすの漁獲量が多い都道府県　**兵庫県** ……………………… P.165

日本一まだいの漁獲量が多い都道府県　**兵庫県** ……………………… P.165

日本一鉄道車両の出荷額が多い都道府県　**兵庫県** ……………………… P.165

日本一携帯電話・PHS電話機の出荷額が多い都道府県　**兵庫県** ……………………… P.165

日本一板ガラスの出荷額が多い都道府県　**兵庫県** ……………………… P.165

日本一清酒（日本酒）の出荷額が多い都道府県　**兵庫県** ……………………… P.165

和歌山県の日本一

- 面積:4,725km²(30位) ●人口:88万人(40位) ●県庁所在地:和歌山市

日本一大きい鳥居
熊野本宮大社 大斎原 大鳥居 P.71

日本一標高の低いポスト
すさみ海中郵便ポスト ……… P.114

日本一短い川 **ぶつぶつ川**	P.22
日本一落差が大きい一段の滝 **那智の滝**	P.26
日本一長い藤棚 **みやまの里 藤棚ロード**	P.45
日本一みかんの収穫量が多い都道府県 **和歌山県**	P.167
日本一うめの収穫量が多い都道府県 **和歌山県**	P.167
日本一かきの収穫量が多い都道府県 **和歌山県**	P.167
日本一石けん・合成洗剤の出荷額が多い都道府県 **和歌山県**	P.167

鳥取県の日本一

- 面積：3,507k㎡（41位）
- 人口：53万人（47位）
- 県庁所在地：鳥取市

日本一面積が広い池
湖山池 ……………………………… P.16

日本一ずわいがにの漁獲量が多い都道府県
鳥取県 ……………………………… P.143

日本一はたはたの漁獲量が多い都道府県
鳥取県 ……………………………… P.168

島根県の日本一

- 面積：6,708k㎡（19位）
- 人口：64万人（46位）
- 県庁所在地：松江市

日本一大きい砂時計
砂暦（仁摩サンドミュージアム） ……… P.85

日本一しじみの漁獲量が多い都道府県
島根県 ……………………………… P.168

日本一あなご類の漁獲量が多い都道府県
島根県 ……………………………… P.168

日本一抵抗器・コンデンサ・変成器の
出荷額が多い都道府県
島根県 ……………………………… P.168

岡山県の日本一

- 面積:7,114km²（17位）
- 人口:183万人（20位）
- 県庁所在地:岡山市

日本一発電容量の大きい太陽光発電所
パシフィコ・エナジー作東メガソーラー発電所 ……… P.63

日本一のジーンズの街
岡山県倉敷市 ……… P.146

日本一ふなの漁獲量が多い都道府県　**岡山県** ……… P.168

日本一、織物製事務用・作業用・衛生用・スポーツ用衣服・学校服の出荷額が多い都道府県
岡山県 ……… P.168

日本一耐火れんがの出荷額が多い都道府県　**岡山県** ……… P.168

日本一ロックウールの出荷額が多い都道府県　**岡山県** ……… P.168

209

広島県の日本一

- 面積:8,478km²(11位)　●人口:272万人(12位)　●県庁所在地:広島市

日本一大きな天然橋
帝釈峡雄橋 ……………………… P.39

日本一大きい筆
世界一の大筆 ……………………… P.93

日本一養殖かき類の収穫量が多い都道府県	**広島県**	P.169
日本一船舶製造・修理の出荷額が多い都道府県	**広島県**	P.169
日本一漁網の出荷額が多い都道府県	**広島県**	P.169
日本一印刷・製本・紙工機械の出荷額が多い都道府県	**広島県**	P.169
日本一ラジオ受信機・テレビジョン受信機の出荷額が多い都道府県	**広島県**	P.169

山口県の日本一

- 面積：6,113km²（23位）
- 人口：128万人（28位）
- 県庁所在地：山口市

日本一広いカルスト台地
秋吉台 …………… P.36

日本一古い現役の郵便局
下関南部町郵便局 …………… P.113

日本一あまだい類の漁獲量が多い都道府県	**山口県**	P.169
日本一脂肪族系中間物の出荷額が多い都道府県	**山口県**	P.169
日本一農薬の出荷額が多い都道府県	**山口県**	P.169
日本一ちっ素質・りん酸質肥料の出荷額が多い都道府県	**山口県**	P.169

徳島県の日本一

- 面積:4,147km²（36位）　●人口:69万人（44位）　●県庁所在地:徳島市

日本一標高が低い自然の山
弁天山 ……………………… P.9

日本一大きなうず潮
鳴門のうず潮 ……………………… P.18

日本一常設展示スペースが広い美術館　**大塚国際美術館** ……………………… P.82

日本一生薬・漢方製剤の出荷額が多い都道府県　**徳島県** ……………………… P.170

日本一綿・スフ・麻織物機械染色の出荷額が多い都道府県　**徳島県** ……………………… P.170

香川県の日本一

- 面積：1,877km²（47位）
- 人口：92万人（38位）
- 県庁所在地：高松市

日本一大きなため池
満濃池 …… P.17

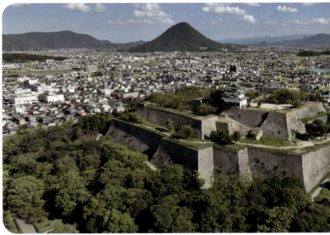

日本一高い石垣の城
丸亀城 …… P.67

日本一せまい海峡	**土渕海峡**	P.19
日本一大きい砂絵	**銭形砂絵**	P.90
日本一のうちわの街	**香川県丸亀市**	P.147
日本一養殖生のり類の収穫量が多い都道府県	**香川県**	P.171
日本一冷凍調理食品の出荷額が多い都道府県	**香川県**	P.171
日本一パーティクルボードの出荷額が多い都道府県	**香川県**	P.171
日本一手袋の出荷額が多い都道府県	**香川県**	P.171
日本一革製手袋の出荷額が多い都道府県	**香川県**	P.171

愛媛県の日本一

● 面積:5,676㎢(26位)　● 人口:128万人(29位)　● 県庁所在地:松山市

日本一細長い半島
佐田岬半島 ……………………… P.36

日本一新しい現存天守の城
松山城 ……………………… P.66

日本一のタオルの街　愛媛県今治市 …………………………………… P.145
日本一キウイフルーツの収穫量が多い都道府県　愛媛県 ……………… P.170
日本一養殖まだいの収穫量が多い都道府県　愛媛県 …………………… P.170
日本一養殖しまあじの収穫量が多い都道府県　愛媛県 ………………… P.170
日本一洋紙・機械すき和紙の出荷額が多い都道府県　愛媛県 ………… P.170
日本一日用紙製品の出荷額が多い都道府県　愛媛県 …………………… P.170
日本一手すき和紙の出荷額が多い都道府県　愛媛県 …………………… P.170
日本一タオルの出荷額が多い都道府県　愛媛県 ………………………… P.170

高知県の日本一

- 面積：7,102㎢（18位）
- 人口：66万人（45位）
- 県庁所在地：高知市

日本一しょうがの収穫量が多い都道府県
高知県 ……………………… P.142

日本一強い最大風速（富士山を除く）
室戸岬 ……………………… P.54

日本一なすの収穫量が多い都道府県
高知県 ……………………… P.171

日本一びんながまぐろの漁獲量が多い都道府県 など
高知県 ……………………… P.171

福岡県の日本一

- 面積4,988㎢（29位）
- 人口：510万人（8位）
- 県庁所在地：福岡市

日本一屋台の数が多い街
福岡博多屋台 ……………………… P.91

日本一たけのこの収穫量が多い都道府県
福岡県 ……………………… P.142

日本一セメントの出荷額が多い都道府県
福岡県 ……………………… P.172

日本一ゴム製はき物の出荷額が多い都道府県
福岡県 ……………………… P.172

佐賀県の日本一

- 面積:2,441㎢（42位）　●人口:79万人（42位）　●県庁所在地:佐賀市

日本一広い干潟
有明海 ……………………… P.37

日本一大きい弥生時代の遺跡
吉野ヶ里遺跡 ……………………… P.77

日本一えび類の漁獲量が多い都道府県　**佐賀県** ……………………… P.172

日本一養殖のり類の収穫量が多い都道府県　**佐賀県** ……………………… P.172

日本一陶磁器製置物の出荷額が多い都道府県　**佐賀県** ……………………… P.172

長崎県の日本一

- 面積：4,131㎢（37位）　●人口：125万人（30位）　●県庁所在地：長崎市

日本一島が多い都道府県
長崎県 ……… P.11

日本一源泉の温度が高い温泉
小浜温泉 ……… P.29

1時間の降水量日本一（タイ記録）　**長浦岳** ……… P.54
日本一大きいとうろうタワー　**江迎千とうろうまつり とうろうタワー** ……… P.108
日本一びわの収穫量が多い都道府県　**長崎県** ……… P.173
日本一あじ類の漁獲量が多い都道府県　**長崎県** ……… P.173
日本一さば類の漁獲量が多い都道府県　**長崎県** ……… P.173
日本一たい類の漁獲量が多い都道府県　**長崎県** ……… P.173
日本一養殖しんじゅの収穫量が多い都道府県　など　**長崎県** ……… P.173

熊本県の日本一

- 面積:7,409㎢（15位） ●人口:170万人（23位） ●県庁所在地:熊本市

日本一きれいな川
川辺川 ……………………………… P.23

日本一ひとつの施設での
アトラクション数が多い遊園地
グリーンランド ……………………… P.86

日本一の石段　**釈迦院御坂遊歩道** …………………………………… P.75
日本一トマトの収穫量が多い都道府県　**熊本県** ……………………………… P.174
日本一すいかの収穫量が多い都道府県　**熊本県** ……………………………… P.174
日本一半導体製造装置の出荷額が多い都道府県　**熊本県** ……………………… P.174

大分県の日本一

- 面積:6,341km²(22位) ● 人口:109万人(34位) ● 県庁所在地:大分市

日本一源泉が多い温泉
別府温泉 ……………………………… P.29

日本一高い歩行者用つり橋
九重「夢」大吊橋 ……………………… P.137

日本一長い水中鍾乳洞　**稲積水中鍾乳洞** ……………………………… P.33
日本一長い石橋　**耶馬溪橋** ……………………………………………… P.138
日本一養殖ひらめの収穫量が多い都道府県　**大分県** ………………… P.172
日本一デジタルカメラの出荷額が多い都道府県　**大分県** …………… P.172

219

宮崎県の日本一

- 面積:7,734㎢(14位)
- 人口:103万人(35位)
- 県庁所在地:宮崎市

日本一南にあるスキー場
五ヶ瀬ハイランドスキー場 …P.101

日本一南にある屋外アイススケート場
えびの高原屋外アイススケート場
……………………………………………P.101

日本一きゅうりの収穫量が多い都道府県 **宮崎県** ……………………………P.174

日本一むろあじ類の漁獲量が多い都道府県 **宮崎県** ……………………………P.174

日本一まかじきの漁獲量が多い都道府県 **宮崎県** ……………………………P.174

鹿児島県の日本一

- 面積：9,186㎢（10位）
- 人口：153万人（24位）
- 県庁所在地：鹿児島市

日本一飛来するツルが多い場所
出水平野 ……………………… P.50

日本一つなの長いつな引き
川内大綱引 ……………………… P.106

日本一滝幅が広い滝	**曽木の滝**	P.24
日本一大きい木（クスノキ）	**蒲生の大クス**	P.42
日本一上陸するウミガメが多い場所	**永田浜**	P.51
日本一飛行距離の短い国内飛行機路線	**奄美大島〜喜界島線（JAC）**	P.129
日本一生葉の収穫量が多い都道府県	**鹿児島県**	P.175
日本一ブロイラーの飼育頭数が多い都道府県	**鹿児島県**	P.175
日本一ぶたの飼育頭数が多い都道府県	**鹿児島県**	P.175
日本一養殖かんぱちの収穫量が多い都道府県　など	**鹿児島県**	P.175

沖縄県の日本一

- 面積:2,282km²(44位)　●人口:147万人(25位)　●県庁所在地:那覇市

日本の西の端
与那国島 …… P.40

日本一つなの重いつな引き
那覇大綱挽 …… P.106

人が住む日本の南の端	**波照間島**	P.40
雪が降った日本一南の場所	**久米島**	P.40
日本一強い最大瞬間風速(富士山を除く)	**宮古島**	P.54
日本一来館者数が多い水族館	**沖縄美ら海水族館**	P.78
日本一さとうきびの収穫量が多い都道府県	**沖縄県**	P.176
日本一パインアップルの収穫量が多い都道府県	**沖縄県**	P.176
日本一養殖くるまえびの収穫量が多い都道府県	**沖縄県**	P.176
日本一養殖もずく類の収穫量が多い都道府県　など	**沖縄県**	P.176

写真協力

本書の制作にあたり、写真提供などのご協力をいただきました。
改めて、ここにお礼申し上げます。

松前町教育委員会／別海町観光協会／宮城県観光戦略課／秋田県観光連盟／福島わらじまつり実行委員会／茨城県／国土交通省利根川上流河川事務所／栃木県観光物産協会／観光ぐんま写真館／さいたま観光国際協会／国土交通省江戸川河川事務所／埼玉県立川の博物館／（公社）千葉県観光物産協会／株式会社グリーンパワーインベストメント／国立科学博物館／首都高速道路株式会社／八王子観光コンベンション協会／横浜市観光協会／JRTT鉄道・運輸機構／郵船クルーズ株式会社／オーシャンネットワークエクスプレスジャパン／太平洋フェリー株式会社／新日本海フェリー株式会社／新潟観光コンベンション協会／信濃川下流河川事務所／（公社）とやま観光推進機構／福井県立恐竜博物館／長野県農政部／やまなし観光推進機構／静岡県観光協会／沼津市／（公財）名古屋観光コンベンションビューロー／（公社）びわこビジターズビューロー／（公財）大阪観光局／国土交通省淀川河川事務所／大阪城天守閣／堺市／神戸市／兵庫県立大学西はりま天文台／明日香村教育委員会／（公社）和歌山県観光連盟／クラブノアすさみ／鳥取県／岡山県観光連盟／（一社）広島県観光連盟／庄原観光ナビ／徳島市／（公社）香川県観光協会／土庄町商工観光課／丸亀市教育委員会／福岡市／福岡県農林水産物ブランド化推進協議会／佐賀県観光連盟／長崎県観光連盟／熊本県観光連盟／（公社）鹿児島県観光連盟／竹富町観光協会／沖縄県／沖縄観光コンベンションビューロー／PhotoAC／たべごと写真

2025年3月31日 発行

STAFF

PUBLISHER
高橋清子　Kiyoko Takahashi

EDITOR
熊本憲一　Kenichi Kumamoto
西下聡一郎　Soichiro Nishishita

DESIGNER
小島進也　Shinya Kojima

PRINTING　中央精版印刷株式会社

PLANNING, EDITORIAL & PUBLISHING
㈱スタジオ タック クリエイティブ
〒151-0051　東京都渋谷区千駄ヶ谷3-23-10 若松ビル2階
STUDIO TAC CREATIVE CO., LTD.
2F, 3-23-10, SENDAGAYA SHIBUYA-KU, TOKYO
151-0051　JAPAN

〔企画・編集・広告進行〕
　Telephone 03-5474-6200　Facsimile 03-5474-6202

〔販売・営業〕
　Telephone & Facsimile 03-5474-6213

URL https://www.studio-tac.jp
E-mail stc@fd5.so-net.ne.jp

[表紙画像]
・エアバスA380
・京成スカイライナー
・将棋の駒の街/山形県天童市
・オオワシ
・東京スカイツリー®／©TOKYO-SKYTREETOWN
・うちわの街/香川県丸亀市
・五所川原立佞武多
・だるまの街／群馬県高崎市
・アパホテル&リゾート＜横浜ベイタワー＞
・牛久大仏
・OSAKA WHEEL
・姫路城／提供:姫路市

[裏表紙画像]
・大水車（埼玉県立川の博物館）
・ジーンズの街/岡山県倉敷市

注意　CAUTION

■本書は、2025年2月14日までの情報で編集されています。そのため、本書で掲載している各種情報は、予告無く変更される可能性がありますので、十分にご注意ください。
■写真や内容が一部実物と異なる場合があります。

STUDIO TAC CREATIVE
㈱スタジオ タック クリエイティブ
©STUDIO TAC CREATIVE 2025 Printed in JAPAN

●本書の無断転載を禁じます。
●乱丁、落丁はお取り替えいたします。
●定価は表紙に表示してあります。

2503A　　　　　　　　　　　　　　　　ISBN978-4-86800-013-6